知心集

Collection of Insights

主编唐陆泽。副主编：孟秀梅、郑华芝

美国亚洲文化出版社

书名：知心集
Title: Collection of Insights

编者：唐陆泽
Author: Luze Tang

本书在美国科罗拉多州博尔德市印刷和发行
Printed and distributed in the United States of America

本书由美国 Asian Culture Press LLC 出版
地址：1942 Broadway, Suite 314C,
　　　Boulder, CO 80302, United States
邮箱：info@asianculture.press

字数：188,000千字
版次：2023年12月第1版
书号：978-1-957144-91-7

引 言

中华民族是世界上最伟大的民族。民族个性谦卑勤奋，坚忍不屈，具有"仁义礼让，勤勇和俭，忠诚为国"的传统美德。

中华民族文化是世界上历史最悠久最文明的文化。民族文化提倡"睦邻友好，宽大包容，和善义举，知恩图报"。当今世界虽多极繁荣，然西域仍旧魑魅魍魉，政客苟苟且且，帝国霸权主义恃强凌弱，新纳粹法西斯主义枭残血腥，恐怖主义屠辱无辜，只有中华民族始终保持恒久文明，持续和谐，彰显着中华民族优秀文华的荣融光芒。因此，我们编写感恩文集之系列，收录描写中华民族优秀文化之文字，记录中华和谐生活之篇章，推崇传递给世界。

在《知心集》，我们收录的每一个文字，都有着中华民族文化源远流长的文明特征，述说着文明社会冉冉升起的人间烟火味。我们的每一篇文章都滋滋有声地记录着和谐美好的平凡生活。我们输出文明优秀的文字来反对世界霸权主义，谴责新纳粹新法西斯和一切恐怖主义。

我们用我们优秀的文字，把和谐，美好，健康的文化生活传递给世界。

———— 编者唐陆泽

目录

散文大家

诗仙词圣

鬼才小说

散文大家

SANWENDAJIA

作者简介:张恒,男。生于1960年。祖籍中国安徽省庐江县。教育工作者。中国安徽省作家协会会员。在中国报刊和文学刊物中发表了众多作品,并获得过中国国内的多项文学大奖。代表作出版有散文集《走过南昌菊花台》《缺月疏桐》《山色水韵》和小说集《尘封》等。

远古"驴友"

严格意义上来说,这不是一座山。是群山,或是山脉。绵延30多平方公里,有19座山峰。而且没有哪一座山峰特别的高,构成一座山正常意义上的形态,就像甲骨文模拟的那样。

我觉得更像一群"驴友",从远古走来。远远望去,跋涉在天地之间,裹着云雾,携着风尘,挺拔而矫健,昂然卓然。

这些"驴友"不像徐霞客,来了留下只字片言就匆匆而去。他们是一群源自历史深处的旅行家,饱经沧桑,阅尽世态炎凉。他们目睹过千万生命的诞生和灭亡,经历过无数朝代的辉煌与衰落。他们在阳光和月明中宠辱不惊,在电闪雷鸣中从容淡定,在云霓和阴霾中不改本色。春青夏绿,秋黄冬白,衣衫色彩四季分明,旧颜不改,初心不变。即使身躯裸露,也以暖色示人,丹霞肤色。

十九峰,十九个高大的"驴友",因为爱恋新昌一方厚土,在此停留、驻守。或许,他们还会走的,只是不知什么时候。但生活在新昌亿万年时间,已经带给新昌太多的惊喜,他们就像勤劳智慧的新昌人一样,创造许多的成就,挣得许多的荣誉。有些名气大点,有些名气小点,但都是新昌的功勋,都是新昌的风景。

那个扎幞头的"驴友"是谁呢?应该是一个官员吧。在古代,幞头所用纱罗通常为青黑色，俗称"乌纱帽"，后来演变为官僚与仕途的符号。他这一路走来，进入新时代依旧扎着幞头，大概是在展示自然风情的同时展示一种传统文化吧。单就服饰来说，这种幞头反映了民族融合、文明交汇的历史现实，是汉民族服饰的一颗璀璨明珠。所以我们看幞头峰，就有了几分和历史对话、与古人交流的感觉。幞头峰，既有自然风景的标识，又有历史文化和民族文化的内涵，呈现给我们的不仅是自然色彩，还有人文色彩。

山峰确如同人一样飘逸。陡峭岩壁上葳蕤的草木咬定青山不放松，就如同一块布帛从前向后裹住头发，并在脑后打结固定一般。有花束在峰顶摇曳，从下往上看，就像插在幞头上仰天开放。鸟儿绕着山峰飞翔，让人想象这是源自远古的一种习性传承。幞头峰，唤起人内心一缕悠远的历史情结。

马鞍峰形如马鞍。其实，细细观察应该形如一匹马的。马头俯下去了，俯到了深涧。走了亿万年，旅途劳顿，累了，渴了，伸头到小溪里喝点水，顺带嚼几口溪边的草。那深涧叫千丈幽谷，一条溪水从十九峰深处蜿蜒而来，裹着花香，带着鸟鸣。流水清澈见底，溪床里的石头五彩缤纷，像是哪位仙人撒落的珍珠玛瑙。碧树临水投影，想捞上几颗，却被浪花搅了；鸟儿潜下去也想衔上几粒，却因太重，无功浮出。马头没有奢想，除了喝水、吃草，最多是凝望。它这一路走来，什么没见过？珍珠玛瑙不稀罕，稀罕的是新昌的万千气象。马尾也沉下去了，挂在了峰壁上吹吹风，做一回风景。你看那丝丝缕缕的藤蔓就是，你看那缠缠绵绵的瀑流就是，你看那一蓬挨着一蓬的茅草就是。

有了马鞍，有了骏马，肯定有骑马的人。顺着山峰往前寻，便是望海峰，这是十九峰中的最高峰，据说登顶可以看到大海的影子。马的主人是不是去了那里？当然，也有可能是去了不远处的缆船峰。那里有一个穿岩洞，早年间洞前一片汪洋，相传大禹治水时曾在此缆船，还有百余名治水英雄在此住宿过。

十九峰中最妙的是新妇峰，象形象意。无论是从前面瞅还是从侧面看，那山峰都宛如一位漂亮的少妇，一头秀发如苍翠的树木高高盘起，恬浅的笑容透着丹霞般的色晕，圆润的石头勾勒着丰满的身材，茂密的植被织成斑斓的民族服饰。有这样一位美貌的少妇一同旅行，难怪他们从远古至今不觉得旅途乏味。不知道这中间是不是有她的配偶？我一座座山峰辨认着，想象着，很难确定。古人含蓄，不仅体现在名字上，也蕴藏在形态上。这也是一座山峰的境界，一处风景的境界，传递给人曼妙的含蓄美。

面对文殊峰和普贤峰我顿生敬畏。与其说是在仰望两座山峰，倒不如是在拜谒两位菩萨。此刻在我的眼里，伫立在天地之间的就是两位佛祖，借助新昌这处净土，赐福百姓，普度众生。文殊菩萨作为释迦牟尼佛的左胁侍，专司智慧，在信徒中有着极好佛缘。而普贤菩萨象征着理德、行德，与象征着智德、正德的文殊菩萨相对应，是释迦牟尼佛的右胁侍。他们与毗卢遮那如来佛一起，被尊称为"华严三圣"。两位"菩萨"一同来到新昌，这也为十九峰增添了一丝神秘的色彩。

我无法否定文殊峰和普贤峰无与伦比的自然美，但我更惊心他们的精神光芒和文化向度。佛光浸染的石径，从神祇的脚下向峰顶伸延，似乎有佛光隐于人的头顶和心灵。一路的郁郁葱葱，就如同一路的佛音梵呗，让人滋生超凡脱俗的意念，心境里堆积起禅的背景。一座山峰能这样带给人气宇轩昂、亲和慈善，有着盛世和谐的雍容气度，能带给人江河日月般的淡定，这不仅有自然的力度，还应该有人文的力度。与文殊峰和普贤峰相对，我似是听到菩萨正在用手语向世人布教，那隐隐的、带着阳光雨露般的禅语，引我穿越尘世的繁华喧嚣，抵达这莲花盛开之境。我似乎有了一种入山随缘的感觉。

还有其他"驴友"我说不出他们的名字，但我知道他们都是同行者，相互之间有着默契，有着心灵感应。而作为山峰，又有着沿袭亿万年的生态和谐，成就新昌风景之最。十九峰是自然物象，我更愿意把他们看成生命物象。

母亲的月亮

深秋的黄昏来得迟走得快，进村的时候几乎家家的灯都亮了。灯光暖暖的，混合着山芋的土腥味和粥饭的清香缓缓流出来。就着碎碎的亮光，裹着一肚子的食欲，我小跑几步就到了家门口，却发现自家的灯没亮，门前黑乎乎的，屋里黑漆漆的，显得和左右隔壁邻居家很不一样。大伢子和二狗子家的灯光亮堂堂的，从门洞和窗户里挤出来的光线，特别地刺眼。

奶奶坐在门口的石凳子上摸黑掐辫子，去年秋天储存的小麦秸秆还没掐完，收辫子的人每个月还是走村串户的来一趟，商店里的草帽一年到头都在卖，我总怀疑那些草帽就是用奶奶掐的辫子做的。小弟和小妹坐在门槛上哼哼唧唧的十分不耐烦，像是肚子饿了。靠山墙旁边圈里的小猪也是哼哼地叫，拱着食槽哒哒地响。我晓得了，家里还没吃晚饭，小猪也在等着洗碗刷锅水。我心里有些自责，怪自己放学贪玩，没有及时回来，家里人一定是在等我。

就在我揹着头准备进屋的时候，奶奶用埋怨的口吻数落我说，你怎么到天黑才进门？放学该早点回来才是，不晓得家里有事么？我知错不敢吱声，默默地进屋把书包放好，然后开灯准备吃晚饭。小弟和小妹见堂屋灯亮了一骨碌从门槛上爬起来，跟着我的屁股就进了厨房。奶奶这时又大声说道，开灯做什么？用电不花钱啊？一度电一毛五呢，我要掐好几卷辫子才能攒得来。你妈还没回来你想先吃么？

母亲还没回来？我这才发现屋里没有母亲的身影。于是就问，我妈去哪了？奶奶依旧不悦，说还能去哪？在冈头上，滴小麦凶呢。

我立即跑出来，朝着冈头方向望，可远处像黑幕罩着什么都望不见，于是嘴里咕哝道，天都黑了怎么还不回来？现在滴凶也看不见的。

肯定是事情还没做完咻！奶奶说着又责怪我，你就晓得玩，十三四岁的人一点都不晓得给你妈凑个手，帮个忙，地里那么多活儿全靠她一双手。队里要做，家里也要做，什么时候把你妈累趴下了，一家人喝西北风去。不晓得你哪天才能懂事，帮你妈担点担子分点忧。

我立时惭愧地又揿下头，奶奶的话让我觉得自己错大了，稀里糊涂不晓事理。我小声对奶奶说，我到冈头上看看去。

估计月亮就要升起来，东边的天角在慢慢放大一片亮光。我迎着那亮光寻着地间的小路，深一脚浅一脚朝冈头上走去。山芋都挖上来了，整个冈头一片空旷，昏暗中能看到重新整理出来的一畦畦小麦地顺着地势排列在脚下，裸露着黄土，晚风一吹，散发着潮气，还有粪便的臭味。

走到自家的地头，才看见母亲静静地坐在埂边上，一手杵着粪瓢把子，一手按住膝盖，很疲惫的样子。两只粪桶离她脚跟不远，恹恹地躺在地沟里，也像是累了。尽管光线不好，但我还是能看见麦地有一大截是焦干的，颜色和气息跟滴过凼的地块有明显区别。

我走近母亲，怯怯地喊一声"妈"，然后说，你怎么坐在这里不回家，是不是累了？

母亲像是打盹被惊醒，杵粪瓢把的手倏地一松，粪瓢把险些倒地。她急忙扶起来，见是我，轻轻回我的话，小麦凼还没滴完呢。

我说，没滴完就明天再滴吧，天黑了小麦凼也看不见，怎么滴呀？

母亲说，我在等月亮升起来。今儿个是阴历十五，月亮光很亮，能看得见小麦凼的。这冈头上一大片地怕就我们家小麦没种了，今晚无论如何也得把麦凼滴完，明天起早把麦种撒上。不能误了季节，这是明年春上几个月的口粮呢。

我的鼻孔里忽地酸酸的，像是被什么东西塞了一下，有想哭的感觉。心里也顿觉压了一块大石头，隐隐地疼。母亲太累了，月亮都有个升起落下的时候，她却是一点歇息的时间都没有，没日没夜地操劳。我清楚，母亲这般累都是为了我们。自从父亲去世后，母亲一个人支撑着这个家，肩上的担子就像两只沉沉的粪桶，压得她喘不过气来。奶奶年纪大了不能干活，我和弟弟妹妹年纪小也不能干活，母亲是白天在生产队做工分，晚上还要不顾劳累打理自家的活儿，种自留地、挑水、洗衣，还要掐辫子、寻柴火、捡猪粪……月光之下，母亲总有做不完的事情。

我有时想，如果没有月亮就好了，母亲就可以歇歇了。但我更清楚，母亲离不开月亮，没有月亮，她就像失去依靠，许多事情都做不了。月亮就是母亲的太阳，她把白天劳动的时间拉长了，夜以继日；月亮就是母亲的灯，她省去煤油，省去电费，而在耗费自己的体力和精力；月亮就是母亲的眼睛，即使是夜晚，她都能呵护照顾我们这个家。

地里开始慢慢亮堂起来。母亲双手杵着粪瓢把站起身来，朝天上看了看，兴奋地说，月亮升起来了！那声音虽轻，却像月光流淌一地。

我也朝天上看，月亮的确升起来了，很圆，很亮，把冈头照得白银银的一片，也把母亲瘦弱的身影拉得老长，像一畦窄窄的麦地。我在想，这又圆又亮的月亮好像专为母亲而升，今晚的月亮又属于母亲了。

母亲用扁担挑起两只粪桶夹，担在胳膊上再次欣喜地看了看月亮，然后挑起粪桶快步朝地边的水凼走去。

水凼旁边有个粪窖。小麦凼打好后需要滴些水粪，这样麦种容易发芽，长出来的麦苗乌青，也比较粗壮。我还不晓得母亲是什么时候把家里茅厕里的大粪挑到这个粪窖的，不是事先抽空挑来先沤着，就是今天上冈头从家里顺便带来的。这些大粪多数也是母亲平时在有月亮的夜晚荷着粪箕于村前屋后，或者山上坡下捡来的。一担大粪不同于一担水，厚笃笃很重，挑到地里不容易。母亲个子不高，身板又很脆弱，做手面活还可以，挑重担子就比不上人家。这一担大粪我估计她是挑一程，歇一程，咬着牙硬撑着才挑上冈头的。

我抢着拿粪瓢，说我来舀粪。母亲不依，说你身子骨还没长全，做不得体力活的，别伤着，还是我来，你站着陪我就行。说着就自己舀粪兑水。

我只好在一旁站着甩手看。大粪掺水散发的臭气在轻轻流淌的风中弥漫，要是在平时或许我会捂着鼻子躲得远远的，但这会儿我好像不觉得难闻，我要陪着母亲，带给她力量，让她不感到孤独。我甚至抬头暗暗央求月亮，尽量再圆再大些，离我们再近些，照得小麦地再清楚些。

母亲用单薄的身体挑起两桶沉沉的水粪，颤巍巍地走向小麦地。到地中间轻轻放下，不让水粪洒了。然后在麦凼间站好脚步，再一瓢一瓢舀着粪顺序滴向麦凼。冈头上很静，粪瓢蘸着月光磕碰土坷垃的声音很响，水粪潮湿泥土"吱吱"的声音也能听得见。母亲滴一截，就用粪瓢把荷着粪桶往前挪一截，脚步一边重一边轻的"呼哧"声都能分辨得清楚。深秋的晚风本就有些寒，渗着清凉的月光，裹着水粪的潮气，吹在身上就更加感觉冷袭袭的。可我却看到母亲还在不时地捋着头发擦着汗，丝毫没有冷的样子。

有时，母亲也会停下手中的粪瓢喘口气，腾出一只手按按腰，稍歇一会儿。再瞅瞅越来越高的月亮，看着渐滴渐少的麦凼，振作一下精神。我想母亲真是累了，这么长时间不吃不喝，怕是体力跟不上，我后悔没从家里带点吃的、喝的东西来，给母亲填填肚子解解渴，补充点体力。我心疼，心酸，可又帮不上忙，只有暗暗怜爱母亲。我恨不得自己一下子长大，把挑粪桶的活儿全包了，把自留地里的活儿全包了，把拾柴火、挑水、机稻、打猪草、捡猪粪……所有需要力气的事情全包了。让母亲歇歇，就像大伢子和二狗子他们的母亲一样，白天可以聚在一起拉拉呱，月亮升起来的时候坐在门口的树下聊天，乘凉，轻轻松松舒舒服服地等着瞌睡来。

月光下，粪瓢在母亲的手里一趟趟走着，从左到右，从右到左……终于，到了地头。母亲长长嘘了口气，杵着粪瓢把如释重负说了一句，总算滴完了！

我亦是如释重负，高兴说道，我们可以回家了……

月亮不知什么时候升到了小半空，更加的圆更加的亮，像太阳，却没有太阳温暖。月色洒在高低不平的路上，清光冷冷的。我抢先挑起两只空粪桶，一路磕磕碰碰朝家走去。母亲扛着粪瓢跟在后面，攥着我喊，快停下，你个子矮够不着，别把粪桶碰坏了。我尽量踮起脚尖走快点，时而回过头望一眼，唯恐母亲攥上。

母亲的后面，是一路跟着的月亮。

作者简介:蔡苗,笔名江边柳。生于上世纪六十年代。中国江苏南京市人。对文学创作孜孜以求,是铁杆的"文学青年"。有数篇散文和诗词获得中国国内大奖。

浮想联翩之秋水长天又一色

当有感觉的一场秋雨离去,户外的景物好像也都变换了颜色。

北城的小陌,在蓬勃的野草和肆无忌惮的蛰龙般游戏生长着的灌木簇拥下,显得曲径通幽,却路影清晰。野草的生命力极强,在即将落寞的日子里,坚挺着的脑袋上还顶着两三片浅绿的叶子。脚下沙沙作响的落叶　也提醒我头顶上被树干分割的支离破碎的蓝天。几朵伤情的"彼岸花"在潮湿的地方盛开着,它光洁的杆被野草的长叶不时的撩拨着,在时而掠过的秋风里孤独的昂扬。

小路的尽头是一条河。不知是哪条大江大河的支流,在江南的平原上恣意的横流;她拖着秋日长天里的晚阳,让整条河流都艳抹了一层胭脂色,也让我的脸在她的倒影里立刻润朗丰泽起来,便即刻由于想起"老而不尊"产生了羞涩。华容月貌终究抵不过春恨秋悲,而对岁月,我们能做的不是延缓、也不是对抗。在日来月往中,打磨成人淡如菊;于沙打风吹下,砥砺出蕙质兰心,人活着在骨不在皮。

时光蹉跎,驻足却又似漂泊,凡尘浮光、纷繁芜杂终将寂寞。如这片片落叶,它本想回到哺育它成长、发光的母亲脚下,可它也似喝错了孟婆汤,飘进了这条岁月的长河...爱已过,梦已过,昨日傲立枝头,今日不知往何处漂泊。

一只雀鸣打破了我的凝眸,也拉回了沉思。她停在了一根枯枝上,又叫唤了几声,另一只雀也对和叫唤着与她并排而立,随即又相互磨蹭了几下一并飞走了。由此,我想到了家庭。如果男人没有,就像一条船,摆渡的乘客很多,待乘客离去，靠岸后，只剩下自己；那女人没有呢？就像路边的野花，人人都喜欢，却没有人用心的呵护。那个宁愿在宝马车里哭的人，实现了自己的愿望，不愿在自行车后座上笑的人，只能看着骑车人昂扬着潇洒离去。开宝马、住别墅，不去夫妻牵手过马路；有家回、有人等、有饭吃，有儿孙绕膝的人间烟火...

花开花落轮做客，

秋水长天又一色。

云复山重不沉默，

看尽人间花万朵。

半岛烟岚

半岛烟岚，雾锁清秋。

凌晨四点半，窗外的叶子仍在淅淅沥沥的雨中发出慵懒的声响，我便整装出发，亢奋的走进路灯下呈现的雨帘里。

从皮肤的感觉度认知，今天的气温比昨天又下降了3-5度。这一点，也从大步流星地沿着15度的2华里坡道竟没有冒汗得已证明。

待我站在沿山公路的最高处，被眼前的景象怔了一下：烟雨入江南，山水如墨染。再看朦胧里的地形地貌，真切地再现一个立体的大象。此时，我才真正的认知到眼前的这一湾清亮为何叫"象山湖"了。

我沿着湖边栈道进入大象的一条后腿。平日里接踵而至的人们也许还在自我宽慰的梦里吧。平日里一路向前，一路花开的景象也不见了，如同此刻的年龄--秋花惨淡，秋草亦黄。山深闻鹧鸪，耳边溪蜿唱。拐了弯，便见到了一雏叽。大书法家林散之提笔曰：半岛烟岚。叽上只有三棵树，两排木长板，可尽览清澈的湖面全景。也许是秋凉了吧，也许是因为秋雨，只有几个带着黄色救生球的游泳者，少数几只野鸭穿梭其间。而我，却只能看着这一切。由于腐败肚子的累赘，只能走不能跑。只能看着别人畅游，自己却不能下水，不觉悲从心底来。脑海中不由得浮现出《阿兰胡埃斯》吉他-大提琴，吉他-单簧管两个版本的古典名曲。

秋初来，秋夜长，已觉秋凉挂秋窗。

在大象的几条腿之间交相慢踱，思绪也一直在"烟岚"里挣扎，什么是有意义的日子。《阿兰胡埃斯》是启示吧。那些用尽了华丽辞藻的作家名句是启迪吧："真正能治愈你的，从来都不是时间，而是明白，也只有你自己"张爱玲明白了吗？反正我羞愧着。

不知不觉间已来到了大象鼻子的观景处，一个人静静的看着眼前的湖光山色，寂野空寥。

一段时间以来，我已习惯了独处，现在也是。书上说独处是一种检测，检测一个人灵魂的深度，测出一个人对自己的感受。我便从浮想联翩里寻找答案，可一时无法得出一个准确的，只有苦笑着摇了摇头。

平日里那些钓鱼钓虾的人此刻都不在，整个的象山湖岸只有我一个人踽踽独行，踟蹰间仍在思考挥离不去的思索。独处的感受应该是——汪清澈的泉水，在独处的世界里肆意奔流。在那里，能看到山青朗月，百花丛生。能看到清凉遍谷，在冗长的岁月里辟得一处澄澈，染得一身清香。在幽深的长河里寻得一叶扁舟，寻得一地安栖，给灵魂一个不再漂泊的龛匣，温故知新。

不知何时，云散了；一抹胭脂红让万物清新。

半岛烟岚，明日朗照。

夜花

夜花——

如恣意的霓虹雨在骆马湖畔任性的狂泻，滋游漫天的彩色花瓣却只赢得偶尔的喜悦和惊诧。我也一样，虽然不能说见多识广，但仅凭这样的场景还是感到习以为常了。当然，心情是舒畅的。若真的要追求其因，那便是家乡故里的缘由吧。

究其思忖，还是有稍微细致一些因素的。

母亲十年前就走了，今年稍早些时候，老父亲也去世了。到目前为止，我都难以从失去至亲的情绪中走出来。这次回来，特意从老家的那条路经过，透过车窗看到父母在时那个曾经的"家"。那棵挺拔的杨树还在，却只有廖少的树枝在冬日凌冽的风中孤独的哀嚎。我呢，除了空唠唠的心绪，伴随而来的便是抹不断的老泪。今年的除夕，春节也是没有了父母后第一次五口人单支另过。虽然儿子儿媳孙子他们还仍能兴高采烈。但，给我的还是有缺憾的存在。儿媳看出了我的心绪，便提议除夕饭后看了一会"春晚"就是去骆马湖边看烟花爆竹的燃放。

车子所经之处，有的熟悉，有的则全无印象。半夜时分，交警仍在有条不紊的忙碌着，几条街都被车子挤得满满的。

"哪儿来的这么些车子？"

"有什么可惊奇的？"

随着越来越多人的涌动，烟花爆竹此起彼伏，每个人的脸上都绽满了笑容，与天空的礼花相映成趣。几条街的马路边上都挤满了卖小玩意和小吃摊子，像赶大集似的，在夜花丛中呼来唤去，也像一朵朵绽放的花。

今晚，我像逛了一趟花市。我的心也在这一阵阵夜的花瓣迷醉了。

月又圆

在一股紧似一股的馥郁清流侵扰下，让我从临时的浅梦中渐醒。当不经意间拉开窗帘打开那扇玻璃，一波紧跟着一波的桂花香浪便迎面扑来，使自己差一点醉倒在薄霭遮暮的晚夕里。

简单的擦把脸，推开封锁了自己一整天的租房门，走进自己喜欢的寂寞早夜。

花香馥郁的小径，路灯也显得暧昧，路旁白日的葱茏而此刻有点黑魆魆，树枝上的小灯笼也许是物业今早才挂上去的，在中秋和煦的熏风里略显放荡的摇曳。我形只影单的迈有点像上海霞飞路石库门似的小区大门。

昔日拥趸的"白马绿地"，此刻只有我独享。扫一眼周围的万家灯火，便黯然拿出手机，看了看今天给能给祝福的朋友有几多回音，只能用"也许都在忙吧"来打发自己。也许此时的月亮也在忙着给自己圆吧，星星便接二连三的映入眼帘，灵魂便在星隙间寻找答案。快乐分享给错了人，就成了显摆，难过分享给错了人，就成了笑话，我勉强给自己一个虚荣的交待。可又一想，幸福，是养自己的心，而不是为了别人的眼。成年人的世界，只筛选，不教育，只选择，不改变。你有你的立场，我有的底线，分寸感很重要，教什么都教做人，每一个人的一生都在为自己的认知买单。自己不醒悟，如何渡他人？反之，自己若醒悟，何须他人渡？

扶摇催望舒，

人间盼玉兔。

吴刚捧花酿，

嫦娥舞《梁祝》。

十五的月亮终于在斑驳的纤凝簇拥下羞答答的冉冉升起来了。我也在来自四面八方的桂花香里翻看家人的视频和照片，浑身的舒适感让自己沉浸在祥和的温馨之中。

娱而，又有一种怅然的若失。自觉没有能力游历于繁杂的八面玲珑间，付不得四海八荒的喜，只能落得围一炉寂静的烟火，与独处相安。与万事言和。以文字相恋。以音乐相爱。以花香浅草为伴。以温暖纯良为伍。做一个温暖的人，不卑不亢，清澈着善良着。

月亮终于升起来了，圆圆的，以一抹奶色的光，照得大地至纯至洁。我看着翩翩起舞的媚娘，给每一颗向好的人心都送来了真诚的祝福！

月又圆。

我游走在月光和炽灯下仍显如丹似火的秋枫路上，在间隔桂花飘香昂扬里一绝芳尘，它不会问春天在哪里。可在枫林幽径处，还藏着一个寄篱人。

月亮更圆了。

我该回去问候一下"望忧君"，祝福大家中秋快乐！

作者简介:李凯斌，笔名李野。男，汉族。中国甘肃陇南武都人。大学学历，高级工程师。中国甘肃省科技专家库专家。中国甘肃陇南市新型智库专家。所从事的职业和专业多次获得大奖。享受美好生活之余热爱文学写作。

送别

今天女儿要回北京了。

雨下了整整一夜。清晨六点多钟过后，我们希望雨不要再下了！但天气的事儿，哪儿能由得人的心思呢，它还是唰唰地下个不停。

女儿在2013年端午节，也是祖国神州十号飞船发射的第二天，从北欧瑞典出发回到了北京。回国后，应大学同学相邀，去厦门玩耍了几天。离开厦门乘火车路过西安时，与在西安上大学的发小相约，又在西安逗留了两天，参观了举世闻名的兵马俑、大雁塔、华清池等名胜古迹后，回到了故乡武都，来到了我们的身边。

女儿作为北大与瑞典斯德哥尔摩大学的交换生，出国留学一年，平安回到家里，就象南飞的小燕子回到了北方的老巢，我们心里是多么地高兴啊！

过去女儿在学习上一直比较辛苦，比较忙。无论在北京上大学，还是考研期间学习都非常努力。所以，这次回家，我们就一个目的，让她好好地休息一下，与同学们及亲朋好友轻松、愉快地相处一段时间。

回家后，她除平时和一年多没见的爷爷、奶奶、亲戚及同学相聚外，还做了几件有意义的事情。一是受她的母校陇南一中於老师相邀，去学校对高一、高二学美术的同学作了学习报告与交流，讲了她的学习心得、学习方法及出国期间的所见所闻。二是与多年没见的启蒙老师崔老师、董老师、蒙老师、雷老师相聚，向他们汇报了近年来学习生活情况，感谢了各位老师多年来，对她的关心和教导。三是辅导了亲戚及邻居们孩子的外语学习，使他们外语水平有了进步，特别是口语水平有了很大地提高。时间过的真快啊，一晃十几天，女儿的假期过去了，今天要乘武都去天水的大巴，之后转乘火车回北京了。

雨还一直下个不停。雨天行车，山区公路影响行车安全的情况复杂，怎能不让我们的心里焦急呢！昨晚她母亲一夜都没睡好，一直都在听着外边下雨的情况。但雨一会儿哗哗啦啦，一会儿淅淅沥沥，一会儿大、一会儿小，就是没有停下来的迹象。

快到九点钟时，雨稍小了一点，我提着女儿的行李箱出了门，放到车上。接着把车开出了院子大门，等待母女俩出来去车站。不一会儿，女儿和她母亲提着一大一小的行李来到了车上。我们一行三人，沿着白龙江长江大道前行，约有不到十来分钟的时间就到了陇南市汽车站。

女儿买的是九点三十车票。小车进站后，开往天水北道的大巴，已静静的停在哪儿，等待着乘客。我把女儿的行李放到了大巴两边行李仓上，女儿也上了车。距开车还有一点儿时间，她母亲又去小卖部买了点路上吃的东西。望着她母亲迈着匆忙的脚步，手里拿着给女儿买的东西，不由我想起了诗人孟郊的游子吟："慈母手中线，游子身上衣。临行密密缝，意恐迟迟归。谁言寸草心，报的三春晖。"大巴的一声鸣笛，打破了我的沉思。此时，开车时间已到了。

九点三十分时，客车准时出发了。雨还在淅淅沥沥地下个不停，在丝丝的细雨中，我们和女儿挥手告别，车越走越远了……。

我们衷心的祝福女儿此次出行一路平安！一生平安吉祥！

雪

雪，下了整整一夜。天亮后，雪停了。

我推开屋门，映入眼帘的是一片洁白而清凉的世界。院子里、屋顶上、树枝上、落满了厚厚的一层雪。

空旷的大院中，生长着一棵近百年的老槐树，就像一把撑开的大伞，立在院中。老槐树周边被雪盖得不留一点空地方，只有树冠下面，有一片圆圆的，干干净净没有雪的土地。我想走出屋外，但又怕自己脚上的尘土，沾污了落在地面上洁白而干净的雪，破坏了这个一尘不染，雪白的世界。我贪婪地呼吸着清新的空气，它就像从森林中流出的山涧小溪，滋润着自己的五脏六腑，让人心旷神怡。

我被这眼前的景色迷住了，忍不住走下台阶，落下脚去，"噗呲"一声，厚厚的雪地上，留下了我第一个脚印。我尽量抬高脚步，朝着院中老槐树小心地走去。走到老槐树下，回头一望，啊！留在雪中的脚印，就象在洁白的纸上画了一幅水墨画。一棵树，周边一片洁白，一串黑黑的脚印，清晰的印在画面上，黑白相融，简洁而美丽。

就在我一个人默默地欣赏着这美丽的画卷时，天空中传来叽叽喳喳的鸟儿叫声。一群麻雀，前前后后飞到了老槐树上，在树的技条上，上上下下跳跃着。叫唤着。树技上的雪，也被它们的小脚丫和扇动的翅膀打落下来，唰唰地，毫无规律地落到了地面上。倾刻间，就化成了一摊水，而空气依然是那么的清新。

忽然，一阵大风吹来，雀儿又飞走了。空旷的大院，又清静下来，寒气逼人，我又回到屋里，妻儿还在梦乡中……。

小鸟的天堂

在我居住的院子傍边，有一块面积近一亩多的空地，东南二面紧贴着楼房背墙，西面与北面用砖墙圈了起来。北面的围墙紧临街道，并开着一个能够让车辆出入的大门，但一年四季基本上都紧锁着。空地一直没有使用，一年又一年过去了，慢慢地就长出了好多叫不出名的野花和小草，还有一棵碗口大小的榆树。榆树的树稍已长出围墙有三米多高，每年冬天来临时，这棵树和院子就成了一群小鸟——麻雀的天堂。

这群小鸟，它们每年冬天都要来这儿过冬。天冷了，麻雀哪儿也不去，一天到晚就生活和歇息在这棵树和院子里边及周围。

清晨，天刚蒙蒙亮。人们从它们身边走过时，就看见它们小脚丫紧紧地抓着树枝，一个紧靠着一个，小小的脑袋藏在小翅膀下面，静静的睡着，傻乎乎地做着它们的美梦。

天亮后，随着街道上走路的人越来越多，好象把它们也从睡梦中叫醒了，睁开圆圆的小眼睛，飞下飞下地叽叽喳喳叫起来。麻雀是喜欢群居的飞禽，我不知道，每一群麻雀中是否有一个领头的雀儿呢？

它们每一天都在这棵树上，叽叽喳喳，欢欢乐乐的唱着歌，一天到黑叫个不停。它们象顽皮的小孩，有使不完的劲。一会儿跳到树稍，一会儿飞到墙头，一会儿用小嘴理理羽毛，一会儿又伸伸腿、展展翅。饿了，有邻居家的剩菜剩饭，空地的虫虫草草。渴了，有城市人喝剩的自来水。

野花、小草和榆树都长在围墙里头。小鸟在这样的环境中生活，路过的行人也不能干扰它，顽皮的小孩子们也捉不到它。它们是那样的无忧无虑，安全放心度过每一天，怎不让它们开心和快乐呢。生活的久了，这儿又怎能不是小鸟的天堂呢！

作者简介:谈欣,女。笔名文木于飞。祖籍中国甘肃天水。中文学士学位,现从事教育工作。从小酷爱文学,擅长诗词歌赋创作。有多篇散文和诗词作品获奖。

怀念外祖父

一年一端午,丝丝缕缕的牵绊,来自亲情的记挂。虽身体不适,但内心的向往,还是驱动了疲累的身体,借着过节的氛围,将心循着那牵引的思绪,渡心亦渡己。

前段时间大姨、四姨相继生病住院,因着忙碌的身心,无暇顾及。借着放假的当令,便和父母驱车看望。

我最喜欢走山门、秦亭的这条路了。峰峦叠翠,绿水绕着青山,素湍绿潭,回清倒影,清荣峻茂,令人神清气爽,心静如水。记得小时候,最向往的事情便是假期去外婆家和姨妈家了。尤其是几个姨妈家,有年龄相仿的表姐妹们,相同的志趣,让我们形影不离。我们几个在这个姨妈家待几天,又去那个姨妈家待几天,没有了家教的束缚,如出笼的小鸟,自由美好的日子如夏日的斑斓多姿,耀眼而绚丽多彩,那回荡在四野的,除了鸟鸣,还有我们快乐的笑声……

大姨家在山门镇关山村,是一个接近林区的小村庄。门前有一条潺潺的小河,清澈见底。小河环绕着一座高耸入云的青山,四季如茵。大姨家以前住在山上,小时候我们沿着山路行进,一路上长满了松树、李子树、酸梨子树。暑假去的时候,随手可得松子、李子,还有满地的野草莓。渴了就有清凉的山泉水……我总觉得,那个小小的地方,宛若一处世外桃源,慢节奏、绿意葱茏,让人总能放下狂躁,变得平静而寡欲。

以前,交通不便,迁移于几个姨妈家全靠两条腿,一走就是几个小时,但我们一路玩一路说笑,从不觉得累。现在交通便利,不到一个小时便到了。七十多岁的大姨和大姨夫热情地招待了我们，他们总是那么好脾性，不急不躁，真诚友善。在聊天的空隙，父亲忽然指着一张墙上的照片说道："看，你舅爷。"

循声望去，那许久未见却甚感亲切的感觉顿时席卷过来。舅爷照这张照片的时候七十多了吧，长长的白胡子，大而温柔的眼睛，头上戴着一顶厚厚的老式暖帽，满目微笑，慈爱地端坐在沙发上。那是一种什么感觉呢？——眼睛瞬间湿润，思绪瞬间飞跃，思念瞬间蔓延……这种生来便有的骨肉相亲，触碰着我最柔软的心底……

舅爷在我上大二的那个冬天去世，至今已有十六七年了。当时未曾见他老人家最后一面，总是一件人生憾事。每每想起，舅爷的音容笑貌还在脑中浮现，在我的记忆中，从未见过舅爷发过脾气，他总是那么和蔼。他是一个非常有才的人，打的一手好算盘，当了多年的大队书记，曾被信用联社聘用上班，但他执意留在那个小村庄，守着土地，尽着本分，多年劳苦，未曾谋一点私利。

记得小时候去舅婆家，冬天的早晨，舅爷舅婆围着火盆，烤着馍，煨着茶水，边喝茶边吃着馍，还有一句没一句的唠着家常。我总是会在氤氲着烟火味馍馍香和茶香的独特味道中醒来，看我睁开眼睛，舅爷总是让我在被窝里吃着烤馍，等待他烤热我的棉袄后才给我穿衣服，那记忆中的味道，还有那个画面好像一幅动态的画，定格在我的心里，每每忆及，温暖便荡漾心间。

舅爷家有几头牛，夏日午后，每次放牛之前，我总是央求他采些野草莓给我吃。看到夕阳西下，晚霞染红了西面的天空，鸟儿唱着倦歌，缓缓归巢。我穿着外婆的小脚鞋，坐在他们大门口的一棵不知名的歪脖子树上，摇动着脚丫，等待着牛儿的铃铛声，等待外公吆喝牛儿拉长又婉转的声音，等待着我的野草莓……那个向西的路口，当夜幕西沉，总会归来缓缓行走的舅爷和缓缓走来的牛儿们，当然还有他手里攥着的红草莓，我飞腾雀跃地奔向我的舅爷……那香甜可口的味道，是漫在记忆里跨越时空的爱恋。

思念的闸一旦拉开，便倾泻而出。止不住的思绪，如一场又一场的电影，不停地轮转，放映。人们都说，人去世后，会去往另一个平行的时空，虽然彼此都有想念，但因为磁场不同，为了不影响生在人世的亲人，不打扰便是最好的记挂。怪不得这么多年，舅爷一直未曾入梦，即使偶尔梦中相见，也只是一个模糊的身影，连一句话都未曾留下。善良了一生的舅爷，就算在另一个时空，也是为他人着想的舅爷啊！

舅婆去世的晚上，大表姐梦见舅爷骑着驴子来接舅婆，一生都温柔细语的舅爷，连最后的等待亦是那么静谧、慈爱、体贴。

想念跨越时空，此刻，是想念，还是想念……

小樱桃的梦

"妈妈，我们院子里有好多好多红樱桃，可好吃了，我带你去看吧。"女儿奶声奶气地说。

女儿跑在前面，我紧随其后，果然发现了"新大陆"——小区院子里真有四五棵小樱桃树，上面缀满了红玛瑙似的果实。女儿欢喜雀跃，兴奋地重复着："妈妈，我没骗你吧，你看樱桃可红了。"天啊！在这里生活了六七年，我竟然不知道还有这个好去处！樱桃树上樱桃都已熟透，红玛瑙似的果实缀满枝头，实在是赏心悦目！地上也落了厚厚的一层，在绿草丛中，让人心生吝惜。

樱桃树们孤独地站立着，樱桃们寞然地凋落着。虽然小区里小孩子很多，但对于它们的存在，仿佛都孰视无睹。也是，对于现在的孩子来说，已经吃惯了妈妈洗好的各色水果，院中的这些"野味们"，提不起兴趣，也在情理之中。

女儿兴奋地摘了一些，捧在手里，并迅速地将一颗塞到我的嘴里，酸酸甜甜还有一点涩，熟悉的味道，熟悉的感觉。尘封的记忆刹那间被开启。

记得小时候，爷爷很勤快，院子栽种了很多果蔬。

听奶奶说，一岁多的我刚学着走路，那时我们的新院子有很多西红柿，又大又红。这可被我惦记上了，自己沿着墙根走到新院子里，没有劲摘不下来，便就地蹲下，这个上捧着咬一口那个上咬一口，到处留着我馋嘴"痕迹"。二婶每次摘西红柿时都叨叨——老鼠可真多啊！

新院子里除了西红柿，还有一棵樱桃树和一棵桃树。

樱桃树在院子的南边。阳春三月，繁花簇簇，白色的小花儿你挤我碰，蜜蜂徜徉在花间嗡嗡作响，淡淡的花香随风飘动。当然，那时的我，是不会去欣赏这些的。从花开的那日开始，我都会密切关注樱桃的生长状况，日盼夜盼，初夏时节，樱桃终于由深绿褪成翠绿再转成白玉色，那时，樱桃树便成了我的整个天堂。我每天都会围着它转，树上的樱桃由一串串被我减成一颗颗，味道也会越来越甜，到最后，我只能站在树下寻寻觅觅半天，才能找到一两颗"珍珠儿"。那种兴奋无可比拟，记得那时，我好像还挺灵活，像个猴子似的在树上穿梭，直到仅剩的大大的白樱桃吃到嘴里方罢，越是时间靠后的樱桃，像软软的白翡翠，吃起来越是美味。

院子东边，有一棵秋桃树。这棵桃树在三月百花竟放之时，她仍在酝酿春意，等其他的桃花、杏花化作春红之后，它才迎风绽放。花朵比其他的桃花大，一朵一朵，娇美艳丽，香气袭人。它可是个慢性子，百果尝尽，初秋时节，才会捧出白里透红的大桃子，一口咬下去，香甜的汁液浸透着每寸味蕾，那真是人间的至味，人世的清欢。

记忆中还有一个影子——爷爷总在南边的园子里种着各色的菊花，紫的、黄的、深红的等各色各样的，应有尽有，随风摇曳，香味怡人。院子里除了冬季，总变幻着色彩，美丽从不缺席。还有那西北角上，有很多药葫芦，他们的枝蔓沿着爷爷打的木架，蔓延上升直到房檐。一个个药葫芦翠绿翠绿的，此起彼伏的知了声盘旋在他们的周围……虽时过境迁，但所有的一切，就像一幅画，定格在那记忆深处，今天忽然触动，翻出来晒晒。

后来，那个院子分家时给了五叔，为了建新房子，他砍掉了我的挚爱们，而我的童年，也随之落幕。

即使到了现在，我有时做梦仍会梦到那棵樱桃树和桃树，梦中的我仍穿梭在树丫间，寻寻觅觅的，有时仍会找到好几颗大大的，珍珠似的樱桃，入口仍是那么甜，那么满足。

啊！好怀念那个时候，和那时简单的快乐！

小时候总梦想着有吃不完的水果和花不完的零花钱。但此刻，当我拥有一切的时候，却发现，那些童年的时光，像傍晚的天空中绚烂的云彩，才是人生最美的景，永永远远嵌在灵魂中的最深处，美得无法超越！

或许，今夜，梦回处，仍有那棵樱桃树，仍有寻觅樱桃的我……

午后余韵

总喜欢在周末的午后酣睡一场。

当外面暖阳高照时，便只遮上薄薄的帘，侧身而卧，既感受一个光亮而朦胧的世界，又没有令人刺目的嫌隙。

不久，便入了一个温暖的梦。良久，才悠悠转醒，大片的阳光已经透过窗，漫步在半个床上，一片粉色的原野，从上面蹿出串串的花儿来，粹在流光溢彩的年下，淡淡地生，柔柔的光阴，便攒出现世安稳的欣欣然来。

踽踽独行，就在这个微小的世界里，仿若静止的世界，放任自己去思想，或许什么都不想，待着就好。

这样的温情，总是让人留恋，但阴雨绵绵的午后，酣睡仍旧是一场美妙的邂逅。

阴阴的天，梭梭的雨，懵懂中奏出嘀嗒的音符，仿佛有种偷梦的魔力，酣睡一场，翻身又入一梦，只睡得天昏地暗，黑夜不分。

醒后回味梦中景，也有一番深长的韵味，安静的待着，不必在纷扰间喧嚷，便是自己最爱的周末！

而周末，酣睡一场，才不虚过！

作者简介:张战,男。祖籍中国河北张家口尚义县,现居中国石家庄,任河北科技大学教师,教授。热爱文学,业余时间搞些创作。曾留学俄罗斯,译介俄罗斯儿童文学作品到中国。在《儿童文学》发表译作《翅膀、腿还是尾巴》,在《聪明泉》《故事大王》《童话报》等报刊发表多篇作品。

侍 母

妈妈今年85周岁了,腿脚不灵便,已经离不开人了。我们兄妹五个商量着轮流照顾。怎么轮,就看个人的时间了。我是两个假期,可以腾出时间来伺候老母亲。

暑假一放假,我第一时间赶回了家。看着妈妈一天天脸庞消瘦下去,急在心中。我听着,妈妈的步履越来越蹒跚,拖拉着走路,我的心情格外沉重。

妈妈的眼睛看不清东西,视力模糊。因为她的眼里有黄斑和白内障导致视力下降。倒满水了不知道,水溢出了一桌子,才停止。特别有意思的是,有一次把表看错了。早晨,妈妈催我赶快起床,说:"8点多了,还不起,你不是今天有事吗?"我纳闷,我睁眼醒来是5点多,刚又眯了一小会儿,怎么就8点多了。我对妈妈说:"不可能吧,我再睡一会儿。""你看表,……哦,不对,才6点多。"妈妈喃喃地说。妈妈原来把6看成了8,妈妈对光线不敏感了,她的眼里失去了光华。

妈妈说:"人家都是听不着,能看见,我是看不见,能听着。这样的老人不好。"妈妈还有点儿自责。可是,说完这话没过多久,妈妈听力也下降了。和妈妈对话特别费劲。妈妈身体状况一日不如一日。

我以养生的理念为妈妈做好每一顿饭,"养生养生,未病先养",以预防疾病为主。我去药店买了西洋参粉、珍珠粉、茯苓粉、参松粉、三七粉等,针对妈妈心神不定、目赤翳障、皮肤色斑、胸痹心痛、脘腹胁痛、脾虚食少等病症，把药粉掺和在稀饭里，吃下。

我给妈妈熬的稀饭何止"八宝粥"，完全可以称为"多宝粥"，里面至少有十五种食材，有红小豆、黑豆、黑米、绿豆、黄豆、大米、小米、薏米、糯米、小麦、荞麦、红枣、狗枸子、决明子、芝麻等，熬好了冷却之后放到冰箱里，想吃的时候再拿出来。

妈妈一直胃不好，吃不进饭，吃多了胃胀消化不了，妈妈说她这是从小落下的病根。姥姥生她的时候是第七个孩子，因为家境困难，就不想要她了。姥姥临盆的时候挺着大肚子到厕所，想着在厕所生下后就要把她踢到茅坑里，但姥姥怎下得了手啊。后来是刚刚五岁的二姨把她抱进屋。妈妈从出生肚子里进了风，所以一直有腹疼的毛病。实际是先天营养不良，加上节衣缩食把胃变小了。因为吃饭问题，没少和妈妈打嘴仗。每次费劲把力的做好了饭，她吃上一点点，我有点急："妈，你就不能多吃点，至少别人没白做呀！"妈妈也反驳："你就不能不管？它饿了自然会吃的。"在我的精心照料下，妈妈的脸面越来越舒展了，笑容也多了。我暗自快乐了起来。

开学时间到了，我要返回工作岗位了。很想多伺候妈妈几天，但自古忠孝难以两全。和妈妈共度两个月的时光，想到以前是妈妈为我做饭，现在是我为妈妈做饭，角色大转变，有一种主人翁的感觉，更体会到妈妈一生操劳的不易。伺候老人我的心得和体会是：要给老人以爱，就像他们爱我们一样。更不要有嫌弃老人的神色表现。老人体弱色衰，雄风和容颜不再，他们动作慢了，语言迟缓也变调了，他们的所作所为和我们的心理预期有差距。在这种情况下，作为儿女的不要急躁，更不要斥责。常言道久病床前无孝子。对老人做到和言悦色很难，即所谓的"色难"。

要给老人尊重。他们辛苦一辈子，理应得到肯定和赞赏。他们年轻时也辉煌过，潇洒过。任何对老人的不敬，都是对老人一辈子付出的无视和抹杀，老人会心寒的。他们心中会默默流泪的，而谁知道他们的苦楚呢。做到尊重，就要放低自己的身段，和妈妈轻轻说话，再也不要在妈妈面前任性了，我们已老大不小了，说话要注意分寸，不要说一些不轻不重的话；父母不是完人，不要苛责他们，更不要说任何挖苦讽刺的话。

行前，妈妈把多年前缝好的一条褥子拿出来，说："这是妈给你准备的，你家里那个单人床上铺得太单薄了，垫上它，暖和。"我说："好的，谢谢老妈妈！"这褥子我是一定拿的，是对老妈妈劳动的认可。随后，妈妈又拿出二千元钱，说："这是你伺候两个月的'工资'，拿去补贴家用！"我两眼顿时流出了热泪，坚辞不受。我说："妈妈，你攒着吧！家有余粮，心中不慌！"是呀，再也不能"剥削"老人了，不能榨干老人的血汗钱！

父母在，人生尚有来处；父母不在，人生只剩下归途。我特别欣赏这句话："父母健在，说明我们的福报很大。很多人不知道，表面上是在孝顺父母，其实是父母在给我们机会，修养我们的德行，增长我们的福报。学会尽孝道，福报才会越深厚。"

作者简介:杨加富,男,汉。生于1956年。籍贯中国四川成都。法律工作者。年轻时曾参军入伍立功。复旦大学成人教育学院中文系毕业。爱好文学创作,发表了多篇散文小说等文学作品。

棚床夜语

一位医者曾经告诉我: 如有病, 就好好去睡一觉。 让身体的机能去自主调节, 兴许比吃药打针还管用。病者遵医嘱, 记住了可延长寿命, 可我却不是一个有好记性的人。 再怎么吃药打针怎么睡觉, 也管不住忘掉太多而仅能记起的几多往事, 特别是生灵涂炭的地震后的那些日子, 我无思去想十九岁入伍时的光荣, 不小心将父母赐予我的半个膝盖和三个手指永远地留在襄渝线上, 以及那枚捧回的立功勋章......一切的一切, 被淹没在月下昏天黑地的雾障里。然而, 黄昏依旧不慌不忙地把那废墟上的身躯逼进身后的帐篷, 似乎要把所有的苦难挤压在这狭窄的空间里, 让深邃含义随着点烟的瞬间灼痛灵府深处的饥饿与急切, 燃起呼唤着什么的火焰来。可凡胎肉体又是如斯的虚脱, 虚脱呵......

仰脖喝下那杯烈酒, 让其将生存的某种感觉切割, 任理性和感性纠缠不清, 滋生出说不清道不明的热力, 可这热力怎么也排遣不去凄风苦雨中的悲哀心绪, 而酒的聚散之力, 只能加速日间的疲惫。 那间祖父母睡过的旧花床就在身后, 何不躺下去呢? 可指间的烟火却灼痛了行将麻醉的思想。 几上那杯浓茶又浇灭了行将生发的怒焰, 雾障中, 那道从老井边裂开的、 深黑如同巨蟒样蛰伏进山腹深处的巨

大裂痕与低沉、 忧伤的哀乐塞满这晚春无月之夜。 碾沟的深处, 老庙前的那块丘田里亮着一线割开夜帐的孤零零的灯光, 见证着丧事人家追悼事宜。 日间所见的倒趴的云柏, 扭曲的沟坎, 从山顶震落在河岸边的巨石, 邻居那头被飞

石砸断角的老牛似乎都进入了肃然穆立的静态。天空不见一颗星，一切的一切似乎都随那道冷丁的灯光消解着死亡的讯息。

至此，我已无法用理性的绳捆绑我灰丧的思想，只能叹息起草木一春的旧念，也难以驾驭静停在几上的那支笔。面对春天演绎的死亡事，它似乎也在抗议，那杯乡中的薄茶似乎也在提醒，不要在青花瓷上撒一丁点儿秃鹫的鬼气，更不能去宣泄肚肠里泛黑的苦涩，特别是身后的旧花床，在午夜时分还未遭遇过我这个活物说着寂寞的怨气。

然而，任什么都禁不住的，骨子里的希冀着什么的触角，早已破窗而出。帐篷和床也跟着我的预念有所颤动。紧接着，沉厚厚的，像行军的步阵声由远及近，脚下的大地也启动起徐徐转动之序。在我还未张开双臂去拥抱上帝时，一个亢然的旋律乍响在耳畔并随着我的预知，那么快地应和在破碎的山沟......来了，从空中、从陆地、从大洋彼岸、从四面八方，踏着朝圣的节奏来了，白衣天使们来了，将军战士们来了、志愿者来了......帐篷和数不清的救援物资呼啦一声运进了灾区，在生养我的龙门山脉上一副副血肉之躯进行着史诗般的补天之举———归真于上古治水英雄的大禹，惊撼了的全球不分种族地冲向这里，见证着生养人类的地球村，有着任何物种都无法替代的情感伟力，献出的生命年年岁岁耀于银河，流出的血汗转化为岁岁年年的稻穗飘香，永永远远铭刻在灾区人的心碑里。

板房秋思

月牙儿如一个航行累了的扁舟，静泊在碧海似的穹空中，白炽灯样悬在我眼前的窗框上，把耀眼的银光漫泻在蟠龙河岸边那一排排崭新、干净、鲜亮的板房上。岸边的桂树撑起茂盛的冠盖，微风从那里轻抚出的细语似在与河中吟流促膝交谈一个亘古的话题，浓影中不时浮泛着一条条鱼儿闪过似的鳞光，怯怯地闪现出我某个记忆片段所划过来的一道晶亮的余痕，曾在记忆中消失又偶于神秘中不期而遇，如浮光掠影般难以捉摸。

我不是一个有好记性的人，往去的岁月虽给予我太多经历，却大多都去了九霄云外，但总可有记起的几多故事，美好的、羞涩的、痛苦的、欢乐的，许在我不经意中烙下些印记，就常以心灵之掌去打捞，获取了些许的报偿，正沉湎时，却不曾留意一滴泪无声地落在灯下的暗影里。可是生离死别时迟疑着落影的那个轻轻的微笑，可是手捧荣誉证书时的表象？那一声呻吟又是什么？或许就是情愫中不可或缺的呼唤吗？春天美好的东西太多，但我怎么也留不住她匆忙的脚步。炎热的夏季里，记忆最多的往往是春天里发生的种种不幸，这样的记忆，说明春天的富有还是庸常不堪？我无从得知，也无从知晓该在什么样的季节去考量我的人生。也许是秋或是冬，但秋又是何等萧索，留给我的只能是伤痕累累被狂风恶浪撕扯过的一块旧帆。冬呢，把我的人生毫不留情地冷却在那里，封冻在又一个春之神的背后，唤不醒的是归于泥土的灵魂。

所幸我的生命处在人生的秋令，霜冻已残忍地躲在寒林中浓浓的秋气里了，还未曾对我瘦弱之躯构成侵袭，而晚秋的阳光正全力地照护着我，额上还不时冒出青春似的热汗。今夜这干净、鲜亮、崭新的月华似渗透到了我灵府，似打算给予我灵魂些许救济，以一种干净的、一尘不染的具象普照我的心域，化生出不可捉摸的力走入我如痴的冥想，似要为我剔去铜臭逼人的老锈，剥去贪婪泛黑的厚垢，让朽黑的文字如同受惊的苍蝇四散逃匿。至此，才让我看清原本的真我，人模人样地面对一回本我的具象，于是，早已往去的一幅幅青涩稚嫩的画面悄然奔来眼府……

　　是的，童年多悲苦，那是在煤油灯昏暗的光晕中度过的，少年懵懂的时光，是听着集体食堂开饭的竹梆声和古庙学堂敲响上课时的铜钟声走过的，躁动的青春时节，迎着蓬勃的春光迈向梦想的军营。在这个梦里，好多好多已知和未知的甜蜜、理想、幸福全在一颗红色帽徽下闪烁不定。一切的一切，都仿佛沉淀在如今已老的心库里，储蓄转化成时光的重量，沉醉在今晚此时的月辉里。历史啊，你如实记载着往去的人生，而人生又如何填实你何处的充沛？汉时的明月哟，还记得被你耀过的那只斩蛇的巨手吗？唐时的星儿哟，没忘记文成公主那在朔风中飘动大漠越发辽阔的裙裾吧？格萨尔王的英雄史诗，从深邃的历史长河中亢然唱响在灾区高山大川中，为这个民族抗击灾难的坚强史实，奏响震撼霄重的强劲律动。秋月，如你有魂，该把这劲曲融化在那里吧？星儿哟，如若有记忆，该把这记忆带到几百年或几千年后去凌空叙述吧！也许到了那时，我们的子孙同样会在秋星秋月下去缅怀属于他们祖先的我们这一代在灾难中的种种史实吧？在他们的童话里，定会有满天星斗、一地月色和废墟，和废墟上崭新的乳白色的板房和火焰般绽放的芍药花。而作为他们的祖先的我们同样会记起童时笔下那幅简约的图景来。在群山的护卫下，一轮月牙儿在碧蓝蓝的天空中悬着，蟠龙河的清清之水不息地流淌着，岸边的树像一整列勇敢的男子汉守护着轮廓分明、形同几何图案的板房……

　　这便是我儿时最清晰的记忆……初学画时描绘的图景，这图景竟似通了今古之邮般神奇地迎合着我现时身处的境地：板房、月光、河岸及岸边默然立正的树影。我似乎真切地回到了儿时的那幅童画中，赤足，光溜溜的身子……或是那幅画寓含了我的现实，我不知道自己在前行还是在回返。在这月光普照的秋夜里，一切都显得那么宁静，我的父老乡亲早已在板房内进入了梦乡。也许吧，他们正在各自的梦里梳理着他们在悲伤沉郁甚至绝望中沉浮过的羽翼，他们不再在山崩地裂中惊吓，也不必在断梁碎瓦前落泪，因为此时，柔和的月光正临照在他们的板房上，像纤纤细指轻抚着睡着了的孩儿，一切都显得那么轻柔而熨帖。这些记忆就这样悄然展现在自我浓浓的秋思里，深深地打印在心壁，一生挥不去。

这是怎样的一种思绪，所萦绕的不是一瞬即逝的记忆，而是终其一生也无法摆脱的常梦……

开头的雨滴

憨痴痴的坐在案头，一口接着一口的抽着闷烟，想写点有用的东西，刚开了头，就怎么也写不下去。似乎已知的东西就只有那点点而已，像染进眼前灯光里一丝儿烟气，很快就消失了。即使有过一会儿

的缥缈，也如垂死气息所显示生命纤弱的可怜。仿佛见了坟头前冥钱燃尽后剩下的一堆灰烬。

手中的笔，导弹装置样躺在稿笺的绿埂方亩中，傲视着无法提将起来的沉重，更别说要滴出一点儿"活命"的质水来。

可村小的老师硬要请我这个在部队当过兵受过伤立过功，并在小报上发过千字文的所谓作家去担任校外辅导员，并要我与娃儿们见面的第一天登那三尺讲台讲话，讲的内容由我自己定。而我偏偏就不是那种为讲话去罗列那些平板无味的台词的人。

可时间已定，而且是校长亲自诚邀。

面对一双双清澈的眼睛，一付付稚嫩的脸，我能说点什么呢？跟他讲文学的比较或比较文学，娃儿们自然不懂，给娃儿们讲部队的生活我又没什么英雄事迹可言。再加上本就口僵舌笨的我，难道要向娃儿们道出心河干涸灵府的枯萎，或去叙述通往梦中道路上那根冲破坚土的剑笋如何狰狞地挡着去路？

这自然是不能讲给娃儿们听的，误伤了娃儿们不说，还拿不出像样的东西来

酬谢他们的信任。依我现在的情形，充其量也就是一个具有完全民事责任年龄的小学生。三十六岁的自然年龄只能证明我空长了岁数。

要上台讲话，恐先自语无伦次十分尴尬后还不好下台，天生不是在台上讲话的料。

说到写作，我更开不了口。因为作品形同你亲生的儿女，是好是歹别人会去审美或审丑的。其实自己也明白，明白自己为什么有危机感。

闲笔多年，偶尔记下的杂错早已随手一扔交付给了那个老旧的木箱，任其发霉老鼠啃吃也不去管它。就像儿时学画样，在墙壁上涂了个似像非像的鸟偶然飞进梦中，很快地就会被雨水淋漓得不成模样。等梦醒来后，只好去叹息，叹息成功的正反面都写着一个梦字，于是就异想着钻进一个古墓里去寻找一丝儿生命的信息。结果无功而返，只有墓顶墓裙边迎风摇动的野草在窃窃私语。

如其将生命当作一件乐器，日复一日地去勤加练习兴许会发出不会糟践别人耳朵的歌声。从第一个音阶开始到后来的行腔咬字，你都得吃苦训练，没有现成的东西在等你。你得像阵雨之前最先落地的雨滴，先把自己摔得粉碎，去疼痛、去挣扎。

听先辈们说，女人生孩子就像在血盆头抓饭吃，这话一点也不假。儿奔生娘奔死，骤烈疼痛中那种韧力说明生命的诞生并非易事。生孩子如此，写作同样如此。

有作品发表自然是件好事，总比一辈没发过一个铅字要好。不管别人怎么看，或匆匆瞄一眼，美也好丑也好，反正是自己亲生的，任别人说去。

偶尔在知识的浅滩上拾得几个有颜色的贝壳，由着自己的心念将其拼成一个圆圆的圈。就像小时候上学路上推着的铁环，让阿拉伯数字中的圆圆的零去滚动，引领我不断地前行。在这个圆圆的零字上选点自己的起始，落下生命的任意节点，去断续自己残缺的人生。继而再在这个圆的后面去写下单纯笔直的壹，然后再贰再叁地去续写，写出复杂多变世事无常的生活。到未知领域诸多难以定位的客体中拾些杂碎来聊以自慰，让复燃的光灼痛自己的愚钝，照化个不可预设的明天。去承认自己、怀疑自己，冷着一张脸去红一阵白一阵。

许是灵府的气候经久无雨润，连同躯体都静定在面前那一方被夏夜淹没成黑汁样，窗被里面那临照斗室的灯光中，夜的寂闷，挤压得现出一付抚额苦坐的病相来，僵死的，掘不出一点儿可用的东西，形同黑深的废井。

夜蝉嚷得已筋疲力尽，抱怨着暑天的热。无奈天道如此，心府的那块地又早已板结。

窗边帘上的竹梅图中，那鸟的翅膀垮坠着，桌面上疑是被日光晒得枯白的笺纸一齐鼓胀在我的眼里模况的脑幕上。云垒似蒸发着雾瘴裹住星儿透不出理性的光来。那支笔，竟也懒困得快要发出感性的鼾来，眼皮如负重荷地垂闭、垂闭。

有一个细润的声音晃如自古的一个神奇的妙指间轻盈拨出，小心而伶丁地嗒儿一声。像是一条刚出生的一条美丽的翠蛇儿在半梦中不小心落在肥大的荷叶上。那一声的响，激动耳根，梦猫儿似的于灯光中闪目尾巴橡檫的暗处，疑狐那里有尖嘴猴腮的东西。

嗒儿一声，嗒儿又是一声，静静之中声声急，节奏的急促、音序的紧密，才觉出满世界唰地跳出个斗大的雨字来。咝咝的纫下丝丝湿意，焦渴的干尘接着开始叫唤了，迎着、拥抱着、振奋着，在这迟来的雨中。

竟也伸手挥向窗帘，随势闪过来一道蓝电，照见玻窗映着的龙门大山飞浪溅沫的雄奇来。远处的雨线衬着风的斜斜身姿，近前，树之冠影在窗棂上仰动不止。隐约中的、矩阵似的楼舍婉如争流百舸，噜啦啦……滚滚雷啸的尖锐便惊破一切寂闷的坚垒。四偶抖楼在磅礴的雨阵中，带醒无数飞蛾翻飞狂舞。汇成的檐流幽帘隐约，串珠样的流意蚯蚓似往下延耕着，有如涧溪悄悄的潺流，淋漓了一方天地。背景下的流韵，朦胧而苛诡，不乏其湍急之势和些微的雄奇壁险。

这妙力，竟将我的灵与魂潜移了去。

那是珠滴的流影么？呵不，那是行将驻流沙漠的江河，那是慰藉干涸的泉踪么？那是翻飞不倦的痴蛾么？呵不，那是春花烂漫的山间的风铃和着灵泉鸣哳高下飞翔的百鸟。

从如梦如幻的境界中回到现实的四壁间，神思之旅的双腿从那幅淋漓的画中默移出来，心的深处仍余醉在那久久不息的尾奏中。那开头的雨滴，如是一个古老的芯片应时释放的马蹄声息，由远渐近地跃踏在思远的铮弦上。金声而玉震，把春鸟的第一声鸣啼奉送给这个寂寞了一冬的世界，虽微且必被千哗百喧所淹没，但却是磅礴之前第一个落地的雨滴，第一个叫响至春的消息。

诚如老师的领读声，总会带起一片清脆朗朗的众口声潮。

开头的雨滴，是师长额头上掉下的汗水，是纤夫吆喝声，垫湿了知识的流渠，江河咆哮的基音，任谁都无法忘掉的记忆，因为所浸润的是娃娃们的心，栽培的是娃娃们的根。心血是从娃娃们的胸膛流过的，流往未来成长中的大江大河，流进波澜壮阔的大海、海上，会激起永不忘怀的浪涛记忆……

我到底该跟娃娃们讲点什么，最后，我还是什么也说不出来。

作者简介:朱雪锋,男。网名杏雨江南。中国江苏省如东县人,高中文化。从小热爱文学,对文字有亲近感。擅长散文,并有多篇散文作品在中国国内获得各种奖项。

家乡门前的小河

我家门口有一条不大不深,又不长的人工开挖的河流,是典型的平原地区的庄子河,自打记事起就一直存在。虽说是人工开凿的,但经过几十年风吹雨打,这条庄子河好象自然生成似的,镶嵌在村子的土地上,象是一根粗细均匀的玉带。

门口的小河像是一位质朴平淡的村姑,没有大江大河的奔腾汹涌,没有江南水乡的婉约灵秀,没有山间小溪的清净优雅,没有急流暗滩的神秘凶险,但它的气质跟村子的平原特色,跟村子的琐碎世俗完全搭调。

门口的小河像一位忠厚沉默的老者,默默守护着村庄,像一位旁观者,静静地看着河两岸人家小孩,从出生,成长,到成棒大小伙子,然后娶妻生子,挣钱养家,在人生的大舞台上演绎着一幕幕热热闹闹的生活剧。

门口的小河像一位忠实的倾听者,认真地聆听着河两岸人家的心事。聆听着村里人的喜悦,烦恼,生活的艰辛,挣钱的不易,聆听着丰收年的快乐,也聆听着村里人对生活的渴望,对未来的企盼。

门口的小河像一位宝藏守护者,虽说跟大河不能比,但也有数量不少的肥美的物产,给河畔人家时不时带来意外的惊喜。

原来八、九十年代,河两岸有很多芦苇。每到秋天,村里的老人就会打芦苇,等芦苇晒干后,用他苍老,粗壮,结满老茧的一双手,灵巧的编织生活用品。那时生活物质匮乏,河边的芦苇给人们的生活提供了很多用途。

那时，河两边也是水草丰茂。水里的鱼儿，虾儿，一到夏天，就拼命地往水草里钻，这给钓鱼的村里人带来了很多乐趣。

河中央，也会亭亭玉立着野生的荷花，绽放的荷花也给夏日的水面增添了一抹温柔清新的色彩。水里也有野生的菱角，很鲜很好吃，这给那时物质贫乏的村里人除花生，蚕豆之外，又提供了新的休闲零食。

每到农闲时，时常会有捕鱼人操着小舟，船头立着鱼鹰在河面上捕鱼。那船头站立的鱼鹰很像警惕地警察，双目炯炯，凌厉地盯着水面，一看到水面下的鱼儿在游动，就像警察抓捕罪犯一样狠狠地扑上去水面溅起一阵畅快的水花，不多时，一只鱼儿就被鱼鹰衔在象弯弓一样的嘴里，捕获成功。鱼鹰扑跳着上船，渔民取下鱼鹰嘴上的鱼儿，奖励给这个勇猛地捕鱼战士一块干净的豆腐，这个捕鱼流程就算结束了。

当鱼鹰捕渔时，河两岸观战的男女老少无不发出开心欢乐的笑声，好象在街头观看热闹的喜剧一样。这个有趣生动的场景，时隔许多年，仍然记忆犹新。

现今，为了乡村地美观整洁，河两边，水面都进行了迅速地整治。芦苇没了，各种水草没了，就象一个男人刮净了胡须一样，彻底地干净。乡村是美观了，但好象少了点什么，这条家乡的小河失去了原生态，失去了乡村野趣。

尽管这样，门前的小河依然在无声地流淌，默默地陪伴着村里人年华韶去。

我们的生命何尝不是如此。岁月无声，年华易逝，就象家乡这条静静地小河，它见证了我们每个人曾经在这世上鲜活地生活过，来过，爱过，奋斗过，迷茫过，快乐过，不管人生成功，还是失败，此生足矣。

回忆奶奶杏雨江南

奶奶是上个世纪90年代某年冬天过世的，那年我19岁。现在我是40多岁的人了，时光过得飞快，不知不觉间，奶奶离世20多年了，但奶奶的音容笑貌从没忘掉，时常闪现在我眼前。

奶奶瘦小干枯，是那个时代过来的人，所以缠小脚，也不识字，一年到头只知道在田里辛苦地劳作，就是个乡下老太太，跟其他农村老太太没什么区别。尽管这样，奶奶对家人的爱从没减损半分，奶奶的爱是朴素的，真挚的。

受限于没有任何文化，奶奶也说不出什么感性的话，她对家人的爱，包括对孙子的慈爱都落实到具体行动，在生活中点点滴滴反映出来。

我由于是长孙，跟奶奶相处的时间长，所以奶奶对家人的爱，我更有切身感受。

儿时的季节，四季非常分明，不像现在气候失衡，季节之间的界限有些模糊。

但儿时的春天，气候也会出现反常，时冷时热的，中午还挺暖和的，到了傍晚一点，气温陡降，天气很快变得阴冷，这时奶奶就会焦急地拿着衣服，到邻居家找到正在贪玩的我，赶紧帮我穿上，生怕我着凉。

上个世纪八九十年代，经济并不发达，电力供应也不充足，时常会停电。夏天停电，电风扇自然罢工了。大热天停电，真是折磨人，气温那么高，没有电风扇吹风，根本睡不着。没办法，奶奶只好拿起蒲扇像个永动机不停地给孙子扇风，让孙子在炎热的夏天能安然入睡。事实上，奶奶白天已干了一整天的活儿，很累。晚上，奶奶需要正常休息，补充体力。可为了心爱的孙子能睡个好觉，奶奶放弃了自己的睡眠。

到了秋天，农闲季节，奶奶一双苍老的手仍然没闲着，不时在田地里挖野菜，变着花样给全家人做好吃的。那时物质生活并不富裕，八仙过海，各显神通，每家只能靠自己变戏法式的改善伙食。所以到了秋天，奶奶瘦小干枯的身影依然在为全家人忙碌着。

到了冬天，晚上睡觉的时候，奶奶都会找个盐水瓶灌上热水给我捂脚。儿时的冬天特别冷，连被窝都是冷冷的，我会靠在奶奶怀里，奶奶会紧紧搂着我睡，给我焐暖。

奶奶不善言辞，奶奶对家人的爱，对孙子的慈爱从来都是润物细无声，用实际行动表达对亲人朴素真挚的感情。

我的奶奶跟大部分乡下老奶奶一样，平凡，沉默，质朴，在她身上看到很多中国优秀的传统价值观。她们的一生虽平凡，但同样蕴含着伟大。

奶奶离世多年了，但奶奶的形象在家人的脑海里并没有变得模糊，反而变得越来越清晰，她在家人的记忆里永远是那么鲜活。

作者简介:劲草,女,本名张睿琼。中国湖北省十堰市竹山县人,现就职于中国湖北省十堰市竹山县融媒体中心。中国诗歌学会会员。中国湖北竹山县作家协会会员。多篇文学以及新闻作品获奖。

我的七月，我的半亩荷塘

六月渐渐沉下，七月轻轻飘来。蝉栖在梧桐树上，空中不仅仅有阳光，风雨交加挂过屋檐，飞过树上树下，落在草地上打滚。灵动的文字划过我们的心海，半亩荷塘如月色朦胧……

又是一个荷花飘香伴面时，热风揉醉的矜持，半亩荷塘里清清潋滟，静静等待那岁月淡淡的忧伤和烟雨中的恩恩怨怨……

几何时，我们似曾相识，似曾一眼万年。我们在红尘里载歌载舞，尽享生活的美好。那一年夏季狂暴的风雨，打翻了我们的帆船，我吹进商海，我没能珍惜半亩荷塘，完全被荒废。莺歌燕舞的社会大染缸，把我染成五颜六色，半亩荷塘停留、等待着，我却不敢把短暂的人生再次梦回……

我遇见的商海不比花海，更不如我的半亩荷塘。商海通牒，以利为图。善良贱踏，奸诈伪秀，黑白颠倒，得失不论男女,不论老少。红尘滚滚是非不明，恩怨情仇利成霜，岁月神偷财成秋。花海世界，情缘未了，骗局成弓，良木有灵，朽木刁难，灵犬雪封，叫声不堪入耳，更不入心，让人仰望星空，呼唤青天……

又是一年荷塘夜色，那水那山依旧，我的半亩荷塘渐渐疏远又似缓缓来，那纯洁善良不知染了风尘还是烟雨，在的人海茫茫中，与桃李成溪总裁相遇，她的花海，她的潋滟，她的芬芳，深深的吸引了我，勾起了我的心智，放飞我的文学之梦，让我找到了我遗忘久别的那半亩荷塘……

我在她的荷塘里学习、修炼、借光、借力、借能量，她的给予也是无穷无尽的，她带我走进文字，走进故事，走进散文，走进诗歌，走进文学沙龙，慢慢的，我走进被遗忘或被丢失的半亩荷塘。我从茫然中苏醒，从黑暗里找到光明，从混乱的世俗里仍然能看到无私奉献力量的源泉，我在半亩荷塘里追寻坚强、追寻正义之光，追寻诗与远方。

我迅速到荷塘里助草，除虫，播进爱的种子，释怀不平的怨气，努力让自己心静下来，接受一切正能量，一切美好，忘记一切歪风邪气，一切丑恶。

挚热的夏天，太阳照在荷花上艳丽多姿，它们给洁静的池塘增添了不一样的生机；碧绿大玉盘的荷叶衬托着荷花，美而不腻。夏至又到莲灿时，雅韵之式，莲花出淤泥而不染，濯清涟而不妖，圣洁之志，势不可挡。荷花娇美，游出水面，滟丽荷塘，让观之者身心静怡。荷叶在绿色的荷塘里，为快活游来游去的小鱼遮风挡雨，它们一起嬉乐，还弹奏出蛙声一片的乐章。荷叶青，荷花笑，蜻蜓花上饶。这个半夏我看到了"接天莲叶无穷尽，映日荷花别样红"的景观，看到了真情，看到了桃李之光温暖人间。

我在这个七月慢慢苏醒，与桃李结缘，与溪水成河，涓涓细流，慢慢拾回那半亩荷塘……

山河风采依旧，创造美丽，花开四方，迎接欢笑，星光亮满怀。是盛夏的浓情还是蜜意让荷花开满了天，让七月成就着不屈的灵魂，星光灿烂成就了坚强挺起的脊梁，龙的传人，血染风采，盛世神州，伟业昌盛……

作者简介:王平,男,现年53岁。中国湖南益阳南县人。现客居中国广东东莞经商。平生喜爱文学,擅长散文写作。

故乡夏梦

说来奇怪,有一个唯一以方位来命名的县,那就是我的家乡——湖南省南县。南县地处湘北,和湖北隔长江而望,属洞庭湖区冲积平原。

古时的云梦泽,现在的洞庭湖区,我的故乡是真正鱼米之乡腹地。在这里,你可以吃到正宗不同口味的小龙虾和品种繁多的淡水鱼,如果你没来过我的家乡,就不能自称为资深吃货哦

我最喜欢故乡的夏天,每到此时,田野便从浅绿慢慢地转为深绿,温暖的南风把周围的湖泊都唤醒了,平静的湖面冷不丁地冒出来几支荷箭,伸着尖尖的脑袋好奇地打探着周围的世界,没过几天荷箭便舒卷开来变成亭亭舞女的裙,一眼望去满湖全是。正如诗人所说的"接天莲叶无穷碧"。接着,拳头大小的粉色的荷苞纷纷从水面钻出来,躲在荷叶下,像一个个娇贵而又害羞的少女。紧接着,荷苞盛开成荷花,热烈而又奔放,毫不吝啬地炫耀着色彩和淡雅的荷香。伴随着荷香,同时释放出一层圣洁的光辉,显得那么端庄而又孤傲。诚如古人云:"濯清涟而不妖"。

没过几天,整个湖面便由粉红淡白芽黄的荷花占满了,从远望去,像是从天边倾泄而下的霞。在阳光的照耀下五彩斑斓,动人心魄。一阵风过来,荷香幽幽,沁透心脾!

又过几天,便是资深吃货的我的最爱了,之前最先开放的荷花便长成鲜嫩的莲蓬。街上也陆续有莲蓬上市了,有不少人去买来尝鲜,但我是不屑一顾的。因为风景这边独好,这世界有那么多人,多幸运,我有个我们。

　　清晨，你划着一片扁舟，我坐在船头，一直划到湖心深处，划醒了几声蛙跳，划醒了沉睡的鱼儿，也划醒了正在打盹的莲蓬。船儿停了下来，我挑最鲜嫩的莲，懒得摘下来，直接剥开来吃，这样吃到的莲才是最鲜甜多汁的。而此时的你也开始忙碌起来，轻手轻脚地支起渔网，把昨夜的剩饭放在网中央，然后把网慢慢沉入水底，过几分钟，便果断而又迅速地提起渔网，便看到有几片鳞光在网底活蹦乱跳着，有鲤鱼鲫鱼刁子鱼还有鳑鲏鱼。基本上每天都能网上来三五斤。我能做最美味的红烧鲤鱼和清炖鲫鱼汤。

　　一直到太阳升起来，我们才划回岸边，把船交给三叔，然后骑着铃木125回家，吃完早餐便各自去单位上班。整个夏天，这几乎是我和你的晨练方式

　　对了，湖面是由四叔承包的，三叔离婚了，帮四叔看管着。三叔前些年走了，四叔是今年年初走的。湖还在，荷花依旧，年年盛开，静待我来。

　　和心爱的人一起泛舟湖面，采莲捉鱼，回想起来有如神仙眷侣。但当时我们的诗和远方却在南方。南方有深圳，有高耸入云的摩天大楼，是世界的另一边；南方还有杨钰莹。我们也跟随着下海潮，双双辞了公职，将家庭的小船划到了深圳，光阴似箭，一晃便是三十年，虽无大风大浪却喜相濡以沫，岁月偷安，日子疯长。

　　可故乡却渐渐地成了我们的诗和远方，故乡还有我们的爹娘，我们每年回家三两次，再多便成了奢侈！

　　记不清有多少回，灿烂的荷花和铃木125的声浪悄悄地潜入我的梦乡了！

　　故乡的夏，何时再入你怀中？

作者简介:黄培青,男,年近古稀。中国福建省莆田市人。德艺双馨,一生获奖众多。酷爱文学创作,有多篇作品获中国国内文学各项大奖。

义 妹

　　义妹是一位人人羡慕的女警官。

　　认识义妹纯属偶然。她是市公安局办公室里的一名秘书,一朵人见人夸的"警花"。而我只是机关单位里一名不起眼的小职员,我们俩原本是不搭界的,偏偏就巧遇在了一起。那天,领导叫我去公安局里办事,到了那边,我一时还真有点"人生地不熟"的。恰好遇到了义妹,也许是缘分注定吧,我们仿佛是一见如故。她把我热情的迎进了办公室,又是端茶又是递水,顿时把我内心的陌生感一扫而光。然后,她又放下手头的工作,帮我直到把事情办完。初次见面,义妹就给我留下了难忘的印象。

　　更令我难忘的是,我们单位是一个带有SOS国际性质的慈善机构,收养了不少孤儿,义妹会时常过来看望孤儿。有好几次,我发现孩子们一看到义妹,老远就"呼啦"一下子围拢过去,冲着她大呼小叫:"妈妈!妈妈!",那些年纪稍大一点的,也纷纷围在她的身边,问长问短,还不时用有点羞涩、有点胆怯的声音叫她:"警察干妈"。这时候,是义妹最幸福的时刻,只见她张开双臂,把孩子们拢在怀里,目光里满是慈爱、微笑和陶醉。就这样,我们渐渐的熟络了起来,因为有了彼此的相识相知,又因为有了太多的关于她的感动,也就有了日后我们以兄妹相称。

　　义妹生就一副娇小玲珑的身材,属于精致型的那一类,就连五官也精致的恰到好处,给人一种从容、淡定的感觉。虽然女儿已上了大二,但看上去要比实际年龄年轻的多。特别是她叫我一声哥或大哥的时候,那甜甜的、泉水般的声音,仿佛要穿透时空,拉回到我们的孩提时代。虽说是警官,但义妹既爱武装也爱红装。每每休假在家，卸去了那身墨绿色的戎装，还原了女人本色，她会特意把自己精心修饰一番，然后约上二三个闺中密友，到大卖场肆意采购一番，那作派，俨然是个十足的小女人。别看平日里义妹柔情似水，一副小鸟依人的模样，可只要穿上警服，浑身上下立马透出一股超凡脱俗的精气神，颇有古代花木兰"替父去从军"的豪气。有义妹这样英姿飒爽的警察，犯罪分子能不闻风丧胆么？

义妹整天都有忙不完的事，她是单位出了名的笔杆子。她写的材料文字优美，文笔流畅，意境高远，颇得领导和同事们的赏识。因为才华出众，局领导把她从基层调到了局机关，义妹也不负众望，多次出色地完成了上级交给的重要任务而受到嘉奖。她的作品经常见诸报刊杂志并屡屡获奖，尤其擅长写诗，她的诗清丽脱俗，柔情百转，读来荡气回肠，余音绕梁。我作为她的"粉丝"，常常因读到诗的精彩处而拍案叫绝。她用饱含激情的诗诠释人生的诗意和诗意的人生。2008年，作家出版社出版了义妹的第一本诗集，成为诗坛上又一道亮丽的风景。2012年，她的第二本诗集出版。她的小说《爱的忏悔》，被高墙内的囚徒们争相传阅，使那些罪恶的灵魂受到了一次次的震撼和教育。

从警多年，义妹早已铸就了一身的警魂，熠熠闪耀的警徽是她最难以割舍的一份情怀。她为它默默付出，痴心不改。去年，义妹的一位亲人患病住院，多么需要她在身边照顾陪伴，但她强忍着心中的痛楚，仍然坚守在自己的岗位上，亲人出院那天，义妹愧疚的直掉眼泪。其实，义妹刚毅、坚韧的外表下，隐藏着一颗博大、慈爱的心。她把有限的稿费和卖书的钱，基本都资助给了那些孤儿和贫困生，有的甚至资助到大学毕业。这些年，义妹自己也记不清捐了多少钱？有朋友劝她，这年头，有些人挥金如土，有些人纸醉金迷，有些人变着法子捞钱，你怎就这么傻？她淡然一笑："谁叫咱是警察呢？"

一位被义妹认养的孤儿，在刚上大学几天，就用写信的方式，表达了对义妹那份割舍不断的情感，她在信中写道：

妈妈：

当女儿提笔给妈妈写这封信的时候，也许妈妈正在追捕逃犯的路上；也许妈妈正在灯下赶写一份急需的材料。此时此刻，女儿的心早已飞到了妈妈的身边，女儿多想在妈妈的怀里撒个娇，多想在妈妈的耳边说句悄悄话……

妈妈，您是女儿在这个世界上最好的妈妈、最亲的妈妈。虽然亲身父母抛弃了我，我们之间没有血缘关系，是妈妈用慈母般的温暖，给了女儿生活下去的勇气和信心；是妈妈用慈母般的爱，包容了女儿所有的不是，医治好了女儿心灵上的创伤。妈妈不是亲妈，却胜似亲妈。有了妈妈，女儿不再是孤儿；有了妈妈，女儿和别的孩子一样，享受着有妈妈的幸福。就像一首歌里唱的：

假如你不曾养育我，

给我生活的温暖。

假如你不曾保护我，

我的命运将会是什么？

是你抚养我长大，

……

是你给我一个家

让我与你共同拥有它……

妈妈，您含莘茹苦把女儿养大，妈妈恩深似海，女儿唯有好好念书，将来像妈妈那样，去帮助需要帮助的人，去奉献需要奉献的爱心。唯此，女儿才能报答妈妈的养育之恩。妈妈，就让女儿在远方再叫您一声："妈妈！"

爱您的女儿。

2022年9月9日

记得曾经看过一部香港警匪片《警花出更》，那些警花们出身入死、冲锋陷阵、赴汤蹈火的情景，依然历历在目。义妹又何尝不是这样的一朵警花么？当万家团圆人们尽情地享受天伦之乐欢度节日；当一对对情侣相互依偎在花前月下温软细语幸福无比；当游人如织怡然自得的徜徉在公园湖畔，欣赏美景风光无限时；此刻，义妹也许正和战友们，奔波在抓捕歹徒的泥泞小道上、荆棘丛林中；也许正和战友们加班加点，忠诚地守护着一方的安宁与温馨；也许正在如橘的灯光下，伏案疾书，续写美丽的诗篇……

这就是我的义妹，一位普普通通的人民警察。

作者简介:张松臣,男。中国河南新密人。历经教育、政府公务员以及企业领导等工作。爱好文学创作,在中国国家和地方重要刊物上发表过多篇文章,并曾多次获得中国国内各种文学奖项。

新密市九里山游记

在具茨山中段,有座古往今来远近闻名的九里山,位于新密市超化镇境内。此山因绵延九里而得名。当年淮阴侯韩信"活埋母"的故事即源自于此。至今山顶韩信与其母藏身的"躲风洞"仍在,洞上镌刻的"万古千秋"字样,虽经岁月的剥蚀仍然依稀可辨。

九里山钟灵毓秀,景色优美,山岩突兀,山风呼啸,危若累卵,险峻异常。立于九里山之巅俯瞰山下,山峦叠翠,群峰耸立,形色各异,无一雷同。有的状若沙漠中游弋的驼峰,远近高低各不同;有的形如调皮的猿猴,幽默,风趣中隐藏着野性;有的高似巨幕,由外及里,于层层夏的墨绿中透着秋的殷红……

九里山遍布山药、灵芝、柴胡、茯苓等二十余种中草药,更有地皮、绵枣、窄蒜、野韭菜等山珍美味,其森林覆盖率百分之九十以上,负氧离子数高达3200个/cm³。

置身其中,少了些许城市中的喧嚣与拥挤,多了几分天地间的空旷与静谧,给人一种穿越时空回归自然的感觉。野花的芬芳,小草的清香,彩蝶的舞姿,露珠的荧光,苍翠古木新老枝桠的交织,曲折山道峰回路转的崎岖,令人目不暇接,心旷神怡。

九里山大观园则位于九里山主峰之下,园中有牡丹园、芍药园、桃园、木瓜园、杏园、李园等众多雅区,其间各色花卉争奇斗艳,芳香浓郁。四季有花,三季有果。园中羊肠步道若隐若现，曲经通幽。漫步游玩于此，既可呼吸富含负氧离子的新鲜空气，品尝时令鲜果和生态野菜，又能陶冶情操，净化灵魂，提升自我，放飞思绪……

走进与九里山大观园相邻的九龙庙库区，则清风徐徐，微澜起伏，波光粼粼，鱼翔浅底。风吹两岸游人多，月坠西山晨星稀。船舷高，湖面低，水流缓，鱼游急。人在岸上缓缓走，犹如画中慢慢移。饮晨露，沐晚风，嗅花香，闻鸟鸣，其乐融融也！

若泛舟湖上游，临水戏鱼虾；挽裤踩卵石，赤膊击浪花；隔岸赏翠峰，柳荫话桑麻；卧听古寺三更鼓，坐观秋蝉五更爬，……恰如宋代佛家诗人释绍昙所云："春有百花秋有月，夏有凉风冬有雪。莫将闲事挂心头，便是人间好时节"，其游趣倍增矣！

九里山大观园步道旁靠山建有一处冬暖夏凉的窑洞宾馆——君悦山庄。山庄为农家小院群居式建筑，有住宿，有餐饮，可休闲，可养生。

午时炊烟袅袅升，山珍美味即备齐。烧蚕蛹、炸蝎子、烹山兔、炖菜鸡，清蒸鲤鱼加米醋，红枣银耳配枸杞，青椒鸡蛋卷烙馍，丝瓜瘦肉煮粉皮等等，丰富多样，应有尽有。约有代驾，无下山之虞者，可开怀畅饮，共叙友谊。一杯红酒醉红颜，三樽老窖敬知己。

然游九里山之乐不在山水之间与觥筹交错之际，而在游玩之中识自我而知其不足者矣。

立于山前知其微，处静妄动而知其躁者，方为人中龙凤之趣也。不悟此理者，安知其乐趣。

作者简介:陈情令,男。生于上世纪六十年代。中国山西省大同市人。爱好文学,爱听戏曲歌曲。擅长散文创作,有多篇散文获得中国国内大奖。

故乡的大榆树

深秋暮垂时节。

微风习习,晨钟鸡鸣,霞光万丈。

不知道是哪一年的哪一天,我忽然想起了我的故乡,那是我童年快乐生活成长过的地方;那时也不禁想起了小时候朝夕相处的大榆树,我愈加强烈的感觉到对故乡的一草一木,对颓废残垣的村舍日益思念起来,也迫切希望能够再看一眼那里的水那里的山,那挂满枝头的黄杏和甜李。

于是我百无聊赖地站立于——在荒野中被孤冷地躺了几百年的烽火台上,遥望那离别三十五年之久,却早已被几重山水阻隔了多年的大榆树。思物生情——我那双眼里不争气的泪水,如同被打湿了荷叶的露珠儿一般满眶欲坠。

晨曦微微,不知几回梦里重又回到了那阔别已久——在风雨中摇曳多年的故乡;睡梦中——依稀又见到了分别了多年的大榆树,恍惚间——仿佛又触摸到大榆树那亲切而又可爱的叶子,我分明听到了大榆树对我多年呼唤——一直连绵不觉的思念。

小时侯,不止一次听老人们和一些不相干的人传言,也曾道听途说一些有关大榆树妖魔鬼怪的故事;起初我并不十分相信,时间长了连耳朵也听出茧子来;虽然只是一些捕风捉影的事情,别人都信我要是不信,总觉得是说不过去的;我也就顺着别人权且信上一回,做一回地地道道的迷信者。

没人知道大榆树究竟是什么年代长在那里的,更不知道是由什么人栽下的;

后来不晓得经过了多少年的风雨飘摇，当初的小树才长成如今的并不十分参天的大树。虽然并不参天，但它的树冠稠密而浑圆，枝干曲张而有力；与其它的树木比起来，已非昔日之吴下阿蒙了。

据有关部门考究，大榆树至少已经有上百年的树龄了。在主干不到两米的地方分成了三叉型，三根支干呈伞型向上展开，若干附属支干想上紧紧拢起包着三根支干；微风一吹好似三顶绿色的降落伞呈品字型从天笔直飘落；而且还发出沙——，沙——的声音，和风雨飘摇的四季交相辉映形成了美妙绝伦的诗歌画景。

我上小学的时候，每天必经过大榆树。大榆树一直很奋力很拼搏得长在一处旧式土房地基下的石缝里，由于地处北方冰雪之国，就更不用说它，早就拥有了一种非同寻常坚忍不拔而又顽强的生命力。

春天来了，大榆树便会发出一年一度的新芽，用不了几天，就能长出成串成串的榆钱来，捋上一把放进嘴里狠劲儿嚼，香喷喷的溢了一嘴。在那个贫穷落后困难重重的年代，每年大榆树能给我们这些小家伙儿打打牙祭；在那个封闭的小山村里，售卖部里既没有火腿肠也见不着方便面；在那些苦难的岁月里，也算能给我们带来一些童年的乐趣吧。

夏天到了，大榆树依然能送给我们儿时的快乐，爬到树上去采摘它那亲切的叶子，嫩油油的放一把进嘴里，香甜可口的滋味一直沁入心间。我是不敢爬上去的，只有几个个子上比我们高一点儿，胆子也大一点儿的才敢上去。我们只在远远的地方，一等他们折下榆树枝，便一拥而上突袭而至，不消一会儿战利品差不多就全进了我们的肚子，树上的伙伴儿还一个劲儿得招呼，给他多留一点儿。几年之后，我也能爬上大榆树去采掐它那可爱的叶子，亲自去触摸一下它那真实漂亮地叶子。现在想来还真是回味无穷！那个时候每个人脸上都会荡起天真无邪的笑容。

在秋天来临的时候，大榆树把它那金黄色的叶子撒满了大地。我们踩着唆唆作响的落叶，走向又一个属于我们温馨而又迷茫的课堂。在秋天那个收获的季节，多少年的希望，多少年的心愿，让我品尝到了多少苦涩的青果；多少年的甜蜜，多少年的怀念，促成了我对故乡那难以忘怀的情节。

当冬天的脚步声默默逼近的那一刻，雪花厚厚地积在大榆树那坚如钢铁的枝桠上。以至于它笔直的树干被压弯了许多，它太老了，老得再也禁不起积雪那飘逸的重量；终于有一年，在一天的冬夜里，大榆树被大雪压断了它一根笔直的支干。好长时间人们都在叹息，唉——！它太老了，太老了。人老了没入黄土，而大榆树老了，那断下来的枝干晒干了也只能当柴烧；听说那截断下来的树干，被一位寒居老者抱了回去，足足烧了一个冬天。

大榆树虽然老了，可留给人们的是无限的光明，照亮我们前行年轻而又光彩的路程；陪伴我们开启了一个又一个起点，走向了一个又一个终点。

天边漂过故乡的云，有个声音在对我呼唤，归来吧！归来哟！浪迹天涯的游子，别在四处漂泊……。一阵圆润宏厚的歌声打断了我对故乡连绵不断的思念，是从不远处的小山村里传来经久不变的乡音；童年时倾听过的歌谣，还时时刻刻沥沥印在心间，从我的身旁流过，从我的头顶飞过。

如果岁月不再白头，那荒原已然早已是郁郁葱葱的绿洲了；如果人心不再滞留离愁，那微笑将会永世长留心间。即使万水千山岁月离愁，也阻隔不断我一生对故乡对大榆树的倾心思念之情。

那曾经故乡的云，故乡的风；那剪不断理还乱的少年乐趣，在故乡的同一片蓝天下和我一起茁壮成长，把我对故乡的想念带向远方，漂向天际。

作者简介:王彦棠,笔名秋蝉。男,汉族。出生于1972年。祖籍中国山东邹平县。平生习武,精研武学。热爱文学创作,擅长散文,有多篇作品获得中国国内各种奖项。

蝉 泪

小小的幼蝉们,又听到老树那个古老而又神秘的传说,经不住诱惑带着各自的梦想,纷纷钻入树根撑开地面的裂缝中。不谙世事一片纯真的幼蝉,真是不经一事不长一智,只有身临其境才知这个世界上除了欺骗就是善意的谎言。那颗火热的心一下子跌入冰窟。瞧!越走越深一片漆黑,除了绊脚的树根就是划得身体生疼的泥土。哪里有明亮宽敞的天堂,还要什么有什么,想玩什么就玩什么,想吃什么就吃什么,想喝什么就喝什么,全是骗小孩的谎话。这分明就是暗无天日的地狱!老树的故事,其实就是对弱小纯洁心灵的玷污与亵渎,更是一种无情的摧残。幼蝉们仿佛到了万丈深渊,个个后悔极了,后悔的泪水止不住扑簌簌流下来。

"孩子们要依靠自己,好好学习,走自己的路,千万不要听信老树的谣言蛊惑呵"那只挂在树梢天天声嘶力竭地吆喝的老蝉,其实就是父亲的敦敦教诲,自己为什么听不进去?为什么没有主张,没有坚定的信念?还要产生判逆心理一意孤行!非要听信陌生人的甜言蜜语。老天太残忍太不公平了,真是没妈的孩子象根草啊!可惜一切都晚了,幼蝉怨恨与后悔的泪水交织在一起泪奔了。

身单力薄小小的幼蝉们,在这漆黑的环境里根本看不清来的路。那条来的裂缝早已被雨水冲来的泥土,或者被风刮来的尘埃掩没了。回是回不去了,世上哪有后悔药,既来之则安之吧。可怜的幼蝉们别无选择,只有听之任之。泥土啃不动,只好吸吮树根的水份维持生命。

环境造就一切。充满理想与抱负的幼蝉们，哭也无用闹也无用了。暗暗发誓等自己长大了，有了本事，一定爬出去。并且暗下决心集中精力修练一双火眼金睛，看清世间的邪恶，还要象人类那样把自己的经历遭遇写成书，让全世界的蝉都知道吸取教训免受其害。可残酷的现实，恶劣的环境把幼蝉们的各种梦想一一击破。

一日复一日，一年复一年，岁月无情流逝。幼蝉在这黑暗里分不清今昔是何年，更不知何处是归期。不知不觉中，幼蝉不再年幼，身体渐渐胖了，成了成蝉，而神经却麻木了，那雄心与壮志一去不复返。这里面也没有一个蜂王，也没有一个蚁后，更没有什么团队组织，各顾各的一味吸吮树根的水份。俗话说："近朱者赤，近墨者黑"。蝉们慢慢变成依靠树根生存的一只只行尸走肉。世态炎凉，人情淡薄，谁会去可怜一只无作无为的可怜虫！蝉终于沉默了，欲哭无泪。

突然，一道划破天际的闪电，伴随着一记动天动地的响雷，惊醒昏沉多年梦中的蝉。蝉麻木的神经忽然有了知觉。佛说："善恶之报，如影随形，三世因果，循环不失"。也许是前世作恶，才会有这多年的困苦磨难吧。放下屠刀立地成佛，忘记过去一切从头开始，修心养性积善养德争取有个好的新生。颇晓禅意的蝉觉悟了。

蝉活动一下修练多年的身躯，伸伸孔武有力的四肢，自己应该是世上最美最有力量的生物吧。听人们说："天大任鸟飞，海阔任鱼跃"，大自然的风光才真正美好啊！自己有强健的四肢，锋利的爪子，这么多年的艰苦生活都没有把自己饿死。大千世界芸芸众生谁会苟且偷生，出去一定会过上幸福美满的生活，只要活着就应该有理想与追求。不能蜗居在这里与世无争默默无闻，过这种让人瞧不起的生活。爬出去创一番事业，让世人为我感到骄傲吧！

兵贵神速，说干就干。机不可失，失不再来。蝉趁着雨后泥土潮湿松散，手脚并用挥动利爪，马不停蹄地掘出一条属于自己奔向光明的自由之路。

　　成功之路是靠自己走出来的，无论干什么只有依靠自己坚持不懈的努力才会成功。蝉深析这个人生哲理。它终于成功了！那高兴劲甭提了，各种心绪堵在心头，真想立马跃上峰顶，冲着山谷大吼一声："我成功了！"。胜利喜悦的泪水潮水般地涌出眼眶，禁不住哗哗流下来，连小小的土窝也打湿了。

　　蝉小心翼翼地戳开一个小洞，既想看看大自然的美景，又想听听大自然的声音，更重要的是想欣赏一下自己的倩影！听人们说："爱美之心人皆有之""士为知己者死，女为悦己者容"蝉是永生不屈的化身，自然不会忘记这些烙印在脑海中的永久记忆。蝉在黑暗中为了辨清世间的真善美与假恶丑，早已修练出眼观六路的特异功能。

　　可一缕阳光透进洞来，蝉无法淡定了，它慢慢睁开眼睛，突地吓了一跳，一屁股坐回洞中。记的来时是文质彬彬靓丽的白面书生，记的来时是柔情万种肌肤白析的俏丽姑娘，怎么会变成说白不白，说黑不黑，说红不红，说绿不绿，说黄不是黄的小鬼模样？都说造化弄人，难道老天连小小的虫儿也不放过？无知无识的虫儿为了生存连自尊都放弃了，默默无闻潜居地下，连个大屁也不敢放，得罪过谁？为什么老天还要赐与这副尊容？让人看到岂不笑掉大牙！蝉的自尊使它变的胆怯了。刚才那股高兴劲一下子跑到爪哇国去了，心又一次跌入冰窟哇凉哇凉的了。人们都说一白遮百丑，可自己连本来的颜色也找不到了，羞愧的泪水再也忍不住，优如断了的竹帘，滴滴嗒嗒落下来。

　　怎么办呢？怎么办呢！听人们说身居地下久了，见了阳光和风身体会有天翻地覆的变化，人类的经验丰富，人言可信！蝉蓦地开窍，情绪稳定了。希望总会有的，地上的路是人走的，地下的路是蝉掘的，把握住机遇何愁不辉煌。对！出去打造变化一下自己，重塑一个我不就结了，天亮了这么多人人来人往咋有脸见人。唉！这么多年都过来了，也不急于一时半会去见世面，等天黑出去爬到高处，变出一俊俏的模样让世人为之翘首喝彩吧！

　　蝉虽然自我安慰，可内心一点也无法平静，心急火燎等不到天黑透，就争先恐后地钻出洞往树的高处爬。人在高处不胜寒，蝉到高处换美颜。蝉慢慢脱掉那身吓人的鬼皮，露出天仙才有的身姿，粉雕玉琢般体形，这才是该有的模样。蝉醉了！蝉美了！轻歌曼舞陶醉在自我欣赏之中难以自拔。胜利往往会冲昏头脑，时间才是见证真理的试金石。蝉舞够了累的不知不觉迷迷糊糊睡着了。

蝉一觉醒来惊呆了，婀娜多姿的娇容不见了，变成了一团黝黑的焦碳。蝉脑子一片空白，黯然神伤，肝肠寸断。人们都说梦想能够成真，可蝉艰难度日好不容易熬出头，成真的梦竟是昙花一现！多年的期待付之东流，命为什么这么苦？悲痛欲绝的蝉，泪如倾盆，哭的是天昏地暗嗓音嘶哑，就连那听觉也失聪了。

蝉经此打击彻底崩溃了，天天只知道语无伦次地向人们诉说自己的不幸。尤其是三伏天，当人们早已被炎热的天气，热地头昏脑胀烦燥不已，可蝉还不知好歹，无休无了地唠叨，只会增加人的厌倦，甚至让人连个午休也不得安宁。满纸荒唐言一把辛酸泪，谁又能知道蝉的悲与苦？

大自然中的蚊子，可以偷偷吸到动植物以及人类的血液，苍蝇能够津津有味地吃到屎，蜜蜂能够兴高采烈地采到花朵的蜜汁。可命运坎坷伤心欲绝的蝉，哪有心思吃喝？造物主不公平的待遇，让蝉对这个世界早没了过多的留恋，巴不得早点死去一了百了。偶尔，饮点风露树汁，这些没有营养的东西，让它更无力去大自然中肆意觅食。有的三五天，有的一二周跌入尘埃，结束短暂的一生。

还好！意志稍微坚强些的蝉终于等到爱情的到来。

雌蝉悄悄地爬到雄蝉的身旁，用特有的哑语安慰道："别一个劲地哀嚎了，谁会听懂你的言语？谁会给你一点怜悯？老天还给你两片瓣膜向人诉说。可我呢，只能无声无响地忍受这多舛的命运。你瞧瞧！来来往往那么多过客，狠心的人嫌你们呱噪，已经把我们许多的兄弟姐妹捉去烹吃了。我们的天敌螳螂被黄雀吃了，别以为它有什么好心，它就是一个变态，你不觉得自己美，它还贪恋我的貌美来，又不是同类，我是不会不知廉耻以身相许的。前世因缘，今生续。咱们面对现实吧，相信我们的缘份，这是上帝的安排，人们都说生命诚可贵，爱情价更高，我们更应该珍惜生命，让我们这次相遇产生爱情的火花，共同完成传宗接代的任务，让下一代有出息。不再学我们这样，一无所有穷困潦倒，吃风喝露饮清虚，还自命清高觉得了不起。唉！社会发展这么快，墨守成规是不行的。咱这一代不行，望子成龙吧！希望下一代超越我们，不能象蜜蜂那样喝花汁，象蚊子吸血也不错，实在办不到象苍蝇那样吃屎，也比我们强啊！哎！知足才会常乐，也就我知道你的心，给你点慰籍，振作起来吧，让我们这次邂逅别留遗憾"。

雄蝉被雌蝉掏心窝子的哑语感动了，激动的泪水直滚，默默接受了她的爱情。

雄蝉和雌蝉完成交配之后，爱意缠绵难舍难弃幸福的泪水不时地洋溢在脸上，雄蝉的叫声也不再那么亢奋激昂，似乎有了音乐天赋着谱一样，这也许是爱情的魔力吧。雌蝉羞答答地争求雄蝉的议见："你是一家之主，我们奋斗了一生也没有挣得寸草片瓦，我们的爱情结晶，蝉卵产在哪呢？"

雄蝉咬牙切齿恨恨地道："我们蝉类都是听了老树的故事才一蹶不振的，自然是产在树枝上，让老树断水而死。我们杀不死它，让我们的孩子也要记住这个仇恨，吸干它的水份让它干涸而死，树不死我们蝉类就无法升华，让我们共同努力吧，省得再耽误我们的梦想"。

雌蝉无怨无悔地听从了雄蝉的安排，心满意足告诉雄蝉："我产卵之后可能命不久矣，你一定要坚强地活着，告诉我们的宝宝，千万不要听信老树的馋言"。雄蝉忍着泪水答应了爱妻的嘱托。

听——，深秋了，树林深处还有只孤蝉在断断续续地嘶叫着，这也许是对忠贞不渝爱情的守护，也是对子女后代负责的叮嘱吧！

作者简介:涂建军,女。中国湖南长沙人。年过古稀。老三届下乡知青。中国改革开放后从事酒店业管理工作。一生热爱读书,业余生活喜欢写作。

书缘

世间人,有足够的智慧去掌握各种情与缘的相聚,如仕途缘、孔方兄缘、及各种艺象,如棋艺、球艺等等。

我属愚者,坎坎坷坷,坑坑洼洼,好不容易才找到书缘。

人之所以投缘,是因为习性相近。我想,我一定是有书一样的脾气,书一样的性格。

书,不像荧光闪烁的电视机。总是在招徕着自己的观众,它静静的躺着,安于自己一隅,却那么的笃定。不怕孤立,耐得寂寞。

书,那么有个性,却永远是自己感情世界的主人。不会因主人的盛情而兴奋,也不会因主人的冷落而沮丧。只要肯光顾这位沉默的朋友,它总是把璀璨的激情,流溢的文采,精确的哲理全都奉献给你。

我爱书爱的刻骨铭心,"空山不见入,但闻人语响"。连同伴都慕我超常的记忆力

我爱书爱的执着,于是使我的想象定相化,能举一反三,触类旁通。

我对生活无限的激情都来自于书,"何以解忧,唯有杜康"。

我若在痛苦的时看见一本好书,心里一暖,眼睛一亮,颇有他乡遇故知,找到了自己避风港湾的感觉。

是书籍使我学会了淡泊,宁静,超然,既入世又出世。

是书籍使我学会了对权名利禄,不会扭曲灵魂,不会奴颜媚骨。

是书籍启迪了我一个女人的智慧和灵气。

是书籍让我领略到"高处不胜寒"和低处不畏寒的勇气。

书像一只无形的手，一直左右着我的生活，我没有办法不喜欢书。

我有时候搞不清，我是受益于书还是受累于书？

我也搞不清是书选择了我，还是我选择了书？

是不是我的生理磁场对书有特别的亲和力？

是不是我的父母在读书的夜晚创造了我？

算了不管这些那些了，反正我与书有缘。

孤独二篇
（一）

人生之于我最深刻的体验是孤独。

糊涂地孤独。人，脆弱得很害怕一辈子面对无涯的孤独。于是婚姻成了诱饵。找一个情投意合的伴侣，使后半辈子的生活，更富色彩来摆脱孤独。然而造物者薄我。我一直没遇见相知相悦，相互倾心的伴侣。结婚后才发现最孤独的莫过于，只有肌肤之亲却没有思想沟通和情感交流的夫妻。

麻木的孤独。婚变后，孤独的我只有用啃书来摆脱孤独。谁知，越啃书越孤独，越孤独越啃书，这样形成了一种恶性循环的互动模式。

孤独蚕食我破碎的心。我因孤独而麻木。

清醒地孤独。当孤独到了极致，就像钟表报时一样。当预定的时问到了，就滴答答。

人心的结构像机械一般，掩隐的屏幕拉开了，于是就懂得了孤独。

接受了孤独。知道孤独能增加生活的美感和深度，训练我们的飘泊能

力。没有孤独这位朋友，要提高人的素质，真是缘木求鱼。事业上有所建树

的人，都是耐得住孤独的。是能够驾驭和征服孤独的。这迟来的顿悟令我喜不自胜。

人明明是为孤独的来，为孤独的走，却十分看中他人在自己生命中的参入。于是，孤独不再美好，难以被人理解。这是自然的事，意志坚强的人为了摆脱孤独，去寻找求充实和堤提高。意志薄弱的人，为了摆脱孤独，去寻求刺激和安慰。他们的出发点一样，结果却天壤之别。前者因孤独而升华，后者因孤独而沉沦。

一个人越不同凡俗，就越伟大，就越孤独。

（二）

我最大的爱好是沉思默想，也就是胡思乱想。爱好选择了我，我选择了孤独。

我孤独的时候，思维可从跳跃式进行。我孤独的时候可以使思想向更遥远，更深遂的地方伸展。我的大欢乐，大悲痛都是从孤独中产生的。

孤独使人的思维更深刻，更能产生更多的诗情。孤独可以让我对自己和环境作一个更透彻的认识。可以像原子分裂一样，自我剖析，得到一种潜力。孤独可以使人充分领略到萍水相逢，异地邂逅的美妙。这种福份不是所有人，都能享有的。如果两个人没有深深默契，彼此心灵相依，气息相投，只说些言不及义的话，我宁可孤独。

孤独是我的生存方式，也是我的生活状态。

作者简介:朱良清,70后生的小女子。祖籍中国重庆,现居中国江苏苏州。从小喜欢文学与旅游。读书时也喜欢写写画画,成年后因凡尘俗事从事机械方面的工作,但工作之余还是会看书,写写生活中的趣事。自认为文字是心的窗口,也是生活的画板,希望将生活的点点滴滴用文字描绘出来,放在某个角落,当成人生的风景,点缀自己平凡有趣的一生。

秋日碎语

宅得久了,细菌从外到里慢慢侵蚀着所有细胞,时而癫狂,时而短路,常有发生。窗外的那抹阳光呼唤着我垂死的细胞,我跟着感觉追了过去。

意气风发的风,夹着丝丝凉意迎面扑来,清清楚楚地告诉我这已经是秋的尾巴了。不过,路面的银杏树叶还是深绿的,偶尔一两片穿上金装深情得凝视着地面,这是要约会的节奏么?小河边还有一些漏网的桂花树放肆且张扬地盛开着,毫不在意秋的嫉妒,散发着让人着迷的清香。我随暖阳来到幽静的运河边,原本以为只有我这般无聊无为之人,才能在世人都忙着打拼的时间里,来这里挥霍着大好秋光。可是放眼看去,原来秋日还有三五个闲情雅致的人,坐在河边静静的垂钓,看着他们或挥杆撒饵,或笑拉鱼竿,就无意中把一个黯然的秋点活了。

找了块石板坐下,巡视四周,运河对面亦有那么三五人悠闲踱步在秋中,游河的画舫隐隐约约传来苏娘委婉的苏曲,伴随着划过的水浪,拍打着两岸的,组成了另外一种音乐,原来秋的声音也是这般有画面的。我心中疑惑为何那些画舫都以乾隆为字头?还是传说中的乾隆私访也曾到过这江南苏乡?心中不由得暗自傻笑了一番。远远看着画舫中的游客拿着相机拍着岸边的一切,一袭白衣的我是否也曾入镜?这让我想起卞之琳的《断章》"你站在桥上看风景,　看风景人在楼上看你。　明月装饰了你的窗子,　你装饰了别人的梦。"我装饰了画舫中的你的镜头，你却装饰了我的秋。

　　随手翻开易老师的《品三国》，嬉笑怒骂偶尔也感染着我，他倒是一个随和的文人，即便是祢这等放在现代亦不得善终之人，也只是娓娓评来，这倒让我惭愧起自己那口直心快不加修饰的说法来。无意中瞥见身边的，灌木丛中有些不知名的红色果子，才想起秋是个收获的季节，我已许久没有劳作了，不知在秋里是否只能收获许多愁？

　　前几日在家感叹秋日暖阳只是个点缀，在这暖日的包围中，细胞都开始沸腾，秋都跟着活跃起来了。暖风吹得游人醉，竟把河边做梦乡，我醉了。

小 憩

　　懒散的秋风吹去了白日的喧嚣，尘埃也终于安静了。在这四维空间，我终于可以听到自己的心跳了。忙忙碌碌的日复一日，或自愿，或被动跟着芸芸众生随波飘荡在这红尘俗世之中，说是为了生活，可到底又是什么样的生活呢？从来没曾停下来问过自己，也从来不曾想过停下来。

　　想起曾经的那个年代步伐很慢，慢到你要跑很远很远的夜路才能看一场电影，还没看到电影之前你已经欣赏了那一座座山上星星点点的火把，此起彼伏的呼喊，还有偶尔一两个小情侣胆怯害羞的言语，往往很多人不是为了看电影，就是为了这一路上的风景，一路上有你的陪伴，我们小心翼翼的慢慢走着，牵着手爬过山涉过河，手心里的温度能让夜色都沸腾起来。想起那些日子就觉得那就是画，是一幅幅美丽异常的画，觉得那就是如画的生活。

　　那时候通信很慢，慢到把所有心思都写在白纸上传过山高水长才能传递到对方手中，那些期期盼盼的望眼欲穿总嫌弃时光太慢太慢。然而有什么关系呢？那种甜蜜期待，那种满心欢喜就深深的刻在了岁月中，即便知道很慢，即便心儿在焦灼的等待，但是我们知道所有的等待一定都会有回音的。现在每每回想起，心依然会悸动，那就是一首首永恒的诗，刻在血液里面的诗，那就是诗一般的生活。

　　慢慢的慢慢的把浪漫和诗都描进了生活中，心中有憧憬，有期望，有望着大山后面想象着自己飞翔的梦想。多年以后这画面就变成了前世的诗和远方，再回首，已是斑驳的记忆了。

　　现在的我们很快，我们吃着不知名的山珍海味，心底想着那些漫无边际的欲望，蠢蠢欲动的灵魂想着更多的山珍海味，口中早已食之无味；现在的我们很快，我们很快从各种APP上学会土味情话，一套套的出口成章画成了一幅漫山遍野的浪漫，惹来一连串的伪装惊喜尖叫，却唯独没有让心肝小鹿乱撞；现在的我们很快，我们早上拥着甲坐看日出共谱人生画卷，晚上已经踏着夕阳走上丁的船舶，一切都那么的顺理成章。不知道这是怎么样的一种生活，我有莫名的烦恼。只有在归鸟还巢，尘埃落定，夜深人静，我们才突然发现心中空空空如也，我们仿佛从来没有活过一样。仿佛所有的时光就是如海市蜃楼般的虚无缥缈。那我们到底是走过了还是没曾走过?这到底是不是我追求的生活，我只能静静的鞭挞自己的灵魂，却得不到想要的答案。

哎~~是时候该停下来歇息一下了。拍拍身上不知何处惹来的尘埃，修剪那些横向发展的欲望，闭上眼睛想想诗和画，坐下来跟风说说话，轻抚一下脚边的小草，跟身边的人喝杯茶，春有百花开，夏有凉风，秋有皓月，冬有浪漫初雪，诗跟远方就在人生的路上。

秋夜微凉，皓月当空，可有千里共婵娟？我慢慢的问。。。静静的等。。。

诗仙词圣

SHIXIANCISHENG

作者简介:顾鲭,女。笔名安达、文韬、紫君。诗人。中国四川省巴中市人。对传统文学深深热爱,孜孜追求,笔耕不缀。在头条、抖音等平台发表了近千篇诗词作品。

紫夜星晨

青山绿水立远亭,长堤垂柳戏风尘。
佳人旅舞似惊鸿,枫林白鹿伴雁痕。

风月梦

无端夜色探旧梦,晓风侵窗月难融。
风念情意沙洲冷,轻拈琴语寄轩窗。

夏日鹅影

艇舟曲悠佳人舞,紫衣蹁跹露华颜。
横塘双鹅近依远,翠盖花开惊红愿。

杏灵

黄芪与当归,红花配柴胡。
低眉沉吟时,药言轻飘出。
低眉思药典,纤手握脉住。
山青越灵秀,娇俏优雅姝。

月夜归途

皓月鸟啄羽，佳人提灯还。

茅屋锁破歌，欧鹭带笑颜。

沙洲夜市冷，提灯幽兰行。

倒影惊鸿梦，昌蒲带笑颜。

悟

枯寒枝丫拍岸急，未云泽宇尽风尘。

旧岩衰草连天雾，蓝烟沉沉烬如霜。

墨 魂

手握秃笔暗伤魂，狂野无知书墨痕。

琅琊书笺千般好，却道不值半分文。

光雾之旅

光雾霁月清风故，片片枫叶迎秋风。

十八月潭风光美，朵朵杜鹃迷眼胧。

盛世莲花

百花仙子撒百花，撒向人间盛世发。

红梅牡丹润华夏，莲花清瘟救中华。

月影

湛蓝夜空透途魂，月夜茶会语纷纷。

千年功名尘与士，世人几个能看清。

减字木兰花.秋怨

独来独往，独跳独做还独唱。

寂寞伤心，无奈寒窗咋没人。

疫情谁见，冷店有如死魂灵。

心病相系，拈尽手机晓梦成。

青灯伴古佛

岁月又如无尽的清波，

清澈里却透着见底的冷寞。

无能时光如何穿梭，

心海里的浪花飘泊消漪成河。

人来到世间本是折磨，

搬山填海燕赵悲歌，

上下五千年里血写简历，

谁能分清是对是错。

迷宁了尘世的眼睛，

碾转千年终于品味了，

言论的挑畔和佐罗。

钗头凤.离人淼

朝花夕拾初揽镜，心如云飘。

苦乐皆笑露运遥，风儿轻飘。

忆往事有如初照，心思以飘。

轻叹息友郎不到，许是心飘。

窗儿照见离人到，却是风飘。

遥，遥，遥。

春花秋月何时了，

见心焦离心恼，

怎的一个离索之闹。

恰时一江春水离人淼淼。

雨静风止云镜遥。

千里难到，妖，妖，妖

渡

倦鸟飞迷雾，花羞无退路。

浅君闻低语，心诗自似诉。

山中万千雨，巧结诸绪误，

飞花逐月意，狼毒花最酷。

晓 梦

春苑廊桥送微香，晓夜凄清亮西窗。

弦上含情惊晨光，瞩目前台际苍荒。

作者简介:范火明,男。诗人、词作家。祖籍中国上海市松江县。经历了中国文革前后的学生、知青、参军、入党。改革开放后,先从政后当工人,曾经因冤入狱,平反后从商等经历,于2013年7月退休。

浣溪沙·回故里

忙里偷闲探故庄,
物贫路阔新气象。
地里长草不见粮。

步履蹒跚见老乡,
儿时玩伴杳无访。
各自漂泊成异郎。

浣溪沙·竹

氤氲青竹葱翠魂,
攀高籍籍不弯身。
不求神仙求人爱,
度一生。

刺落竹林潇湘泪,
苍天不让秽染尘。
尽瘁鞠躬及环境,
种了根。

浣溪沙·山河

华夏山河举世辉，
长城万里矗丰碑。
大运河间落霞瑞，
照郎归。

遗产烁烁今犹在，
得花多少血磨灰？
赚得百代骂秦隋，
是乌龟！

浣溪沙·闲愁

世事纷繁乱似麻，
苦无心力挽年华。
何忍光阴被抛弃：
蝶恋花。

已是秋天来世上，
奈何夕照见残涯。
奋笔诗书耕寂寞：
浣溪沙。

西江月·笑春秋

梦里万丈豪气，
醒了只剩风流。
曾经年少笑春秋，
转眼烟尘若叟。

嗟叹一生颓废，
仅存隐憾清愁。
雄心壮志任人偷，
笑看流氓封侯。

西江月·酒鬼

端上泸州老窖，
一盘麻辣杏花。
单斟独酢自品茗，
眯起双眼眨眨。

喝到太阳西斜，
已经杯反肴罢。
头晕目眩舌头麻，
满嘴接着胡话。

蝶恋花·虚谬

过眼浮云遮又厚，
滚滚红尘、
谁是知音友？
几度春熟秋分手，
人情翻覆无聊透。

世道蹉跎风雨骤，
寂夜斟杯，独坐思量久。
万事纷纭难细究，
从来恩义皆虚谬。

蝶恋花·墙头草

平生不幸长墙头，
风吹雨打终身无自由。
东倒西歪非己愿，
世人责骂我蒙羞。

一身瘦骨标清秋，
光阴似箭如覆水难收。
我与春风皆过客，
历尽风霜早看透。

临江仙·《西游记》记

生平最爱看西游，
少与凡俗合流。
身外浮名任人偷
世间妖孽多，
诗书也蒙羞。

借来阎王十万兵，
指点鬼神抖擞。
特邀悟空当教头
诗书民主旗，
东篱一老叟。

浪淘沙·立秋

辞夏又迎秋，
旧梦重游。
倒腾箱箧觅貂裘。
春夏秋冬常自理，
昼夜防丢。

窗外吠声悠，暑热尤忧。
皖簧辗转恨无由，
吃喝拉撒在高楼，
独自凝眸。

临江仙·寄情书

夜景醉赏曾记否？
芳香铺满山丘。
坠江明月露沾柳：
一人一箱衣，
一去一扁舟。

几沓书稿长夜就，
斜影似倚身佝。
菊篱待到染霜透：
一帆一钓钩，
一伞一风流。

采桑子·丝瓜筋

也曾鲜嫩悬藤枝，
生不逢时。
生不逢时，
欲挽青春憾已迟。

风雨藏进皮褶里，
如画如诗。
如画如诗，
满腹经纶被碎撕。

思乡路

经年不忘回乡路，
腿渐老且难成步。
忽忆田边追野兔，
麦黄瓜熟，
放牛逮鼠，
多少欢乐处。

提笔欲觅索佳句，
老眼昏花亦难取。
南桥人生情几许？
一生颠沛，
满腹愁絮，
泪落飞如雨。

长相思·秋思

爱也休，
念也休。
风雨飘摇又到秋，
爱念从未休。

微信柔，
语言柔。
强作欢颜藏泪眸，
相思人更柔。

作者简介:赵朝禄,男,祖籍中国河南信阳。现居中国江苏南京。曾经是下乡知青。喜爱中国古典文学,作品以诗词为主。

天净沙 绍兴古城

江南古越石桥,

会稽渠水乌蓬,

桂叶梅香四散。

仓桥直镇,

水乡情韵悠长。

注:会稽:绍兴别称。乌蓬:乌蓬船仓桥直镇:仓桥直街,长约1.5公里。

天净沙.豫南清晨

郊原淡淡晨风,

远方知了声频,

凤竹秧苗一色。

秋阳初起,

睡莲花送清香。

注:知了(蝉)

玄武湖雨瀑

滚滚黑云越紫峰，狂飙漫卷秣陵城。

钟山峰面乌层聚，只见玄武坠玉绳。

注：紫峰（南京紫峰大厦，市最高建筑）
秣陵（南京别称）　钟山（紫金山）　玉绳（水滴连线）

河西古道

风卷孤烟息天际，夕阳余辉散荒原。

日夜八佰赤骥马，只得河西半个程。

注：赤骥（周穆王八匹骏马之一赤骥马）

壶口瀑布

孟门静卧接悬河，鱼嘴张翕溅岸石。

黄龙狂野巨浪滚，犹如宇宙洪荒时。

注：孟门（壶口下流约270公里处）　悬河（黄河之称）

夜色长江

夜色静心洲，江浮万点星。

长虹渐行远，逆水至石矶。

注：心洲（江水洲）　长虹（夜灯光秀南京长江大桥）
石矶（采石矶，此处有太白纪念馆）

绍兴东湖

峭壁悬崖藏洞天，乌蓬船上望霞川。

湫亭倒映东湖水，嬴政南巡箸箕山。

注：霞川：霞川桥。　湫亭：听湫亭。　嬴政：秦始皇曾在此驻驾饮马。

泰山日出

昨夜星光映街门，日峰蚕卧候晨曦。

月落星沉度长夜，耀目晶球破远空。

注：御门（街道红门登山线）　日峰（观日峰）

黄河.老牛湾

漠北神犁地，明灯结友邻。

潇潇浸暮雨，凛冽塞风寒。

峡谷至关隘，穿曲指晋秦。

长城情厚地，握手老牛湾。

注：神犁（老牛湾形成神话传说）　明灯（明灯山）　峡谷（老牛湾峡谷风景区）
　　关隘（偏关，偏关老牛湾风景区）　塞（塞北）　晋秦（山西，陕西）

黄河小浪底水库

坝卧王屋南，悬河独自横。

起闸放洞室，黄瀑冲伊河。

注：王屋（济源王屋山）　悬河（黄河别称）　伊河（伊河，洛河）

江淮秋天

江淮重雾动云根，飒飒秋风卷落花。

细雨如丝寒月夜，空天急促雁南归。

注：云根（深山云起之处）

珠穆朗玛峰

远古洪荒力，盘根浩土巅。

昆仑屈脚下，圣母独尊荣。

高冷远阡陌，参天近紫宫。

出锋似利剑，直刺入苍穹。

小注：浩土（地球）　圣母（圣母峰，珠峰）　紫宫（天庭）

亚龙湾海滩

天涯旁海角，堤漫自黄沙。

碧海衔远空，篮天广袤中。

丹灵西已沉，凤岛耀龙湾。

忘却迷离间，远飞一海鸥。

注：丹灵（太阳）　凤岛（凤凰岛（亚龙湾著名景点）　龙湾（亚龙湾）

泪洒七夕

幽处瑶宫面碧海，人间留爱彻无眠。

牛郎携子关山越，今夜七夕度鹊桥。

作者简介:李广江,男。文学士。诗人。国际文艺家协会会员。酷爱文学创作。擅长诗词。诗文多次获中国国内各项大奖。其中诗歌《雾凇》获中国诗歌大赛金奖,散文《母亲的梦》入选《中国散文大系·抒情卷》。

别样的月亮

乌云之夜

因为闪电和雨

让我看到了

别样的月亮

它不在天空

而是沾满了泥土

和花香

我们隔着一道栅栏

无需天地之间

遥遥相望

每个黑夜的牢笼

终将被打破

每个灵魂

都有看不见的光

新年的雏形

雪野小于日历
转身之后
消化为春声

落日印满时光拓片
我和岁月
栖息的那片叶子
已模糊了背景

雪原之上
喜鹊羽毛的那些斑点
开不能依靠黑夜
来完成

只好在一滴墨里
苦苦修炼白昼的身影

我渴望一场雪
让盛大的白色宗教
弯腰卸下
心事的沉重

而恰恰忽略了
喜鹊羽翼下的雪花儿
正是新年的雏形

小 号 手

他悄悄地走了
那支冲锋号
却依然守望在山坡

号角的余音结满果实
于硝烟的尽头
凝成琥珀

他放飞的小鸟
飞过橄榄丛
为明天衔来坚硬的火

曾经洒下的热血
已渗入泥土
变成红旗温暖的底色

当记忆被年轮漂白
山路上两行脚印
盛满了老去的歌儿

路旁的牵牛花
一次次扬起冲锋的喇叭
开了又落

白鹭飞起

谁用剪刀

裁下一朵云

给沉睡的湖

竖起一个孤独的问号

孤独的不仅仅是白鹭

挺立的那条腿

锥子般

牢牢踩住五月的心跳

猎枪已经瞄准

又被风吹开

像荷叶上青蛙的脚

没有射出的那些子弹

开成了荷花

在暖风里轻摇

白鹭飞起

惊醒湖面展开眉梢

一声声浪动的雷

为此刻画上句

元 宵

元宵酷似小时候

滚动的雪球

洁白的冬之色

裹满了

春暖花开的味道

如果春节是一场歌剧

元宵则扮演着

女高音

甜蜜的华彩

将喜乐推向高潮

由饺子至汤圆

演绎着

从月牙到满月

成长的历程

一枚枚山寨版的月亮

一张张远行的车票

海 潮

也许是沉默了太久
总该有一种方式
将心中的委屈
尽情挥洒

也许是承受太多
却没有一双手
为你抚平
苦涩的伤疤

谁将海水
兑换成枝条
扑面而来的激情
已开出一朵朵浪花

月光之下
涌来一波波
数也数不清的
白色骏马

青海湖

你是大海丢失的儿子
却没有丢掉大海的胸怀
和那份纯真

母亲把对你的牵挂
告诉了日出
从此你的颜色
变成天空寻觅的眼神

如果有一天
飞鸟的翅膀足够强大
或许能托起落日
不再西沉

用飞翔的轨迹
缝起团圆时
海天之吻

作者简介:马利生,男,笔名王者归来。诗人、作家。中国江苏南京人。生于1960年,于2020年退休。平生酷爱诗词创作,有"中国好文章""文化摆渡人"的荣誉称号。诗词作品曾经多次获奖。

伟大的祖国-您是我心中最美的歌

泱泱中华五千年,

您点缀了无数诗的芳香……

君不见屈宋辞赋悬日月,

更有李杜诗篇绣华章!

锦绣山河日日新,

盛世中华赛盛唐!

伟大的祖国——

您是我心中最美的歌!

君不闻秦汉挽弓射天狼,

苏辛词章羞月光!

更有我辈才胜出,

气吞山河歌嘹亮!

伟大的祖国,

盛世中华赛盛唐!

伟大的祖国,

——您是我心中最美的歌!

最强大脑主题曲.巅峰对决

巅峰之上，脑力对决，谁是脑力之王？
群英荟萃，旗鼓相当，惟我一马平川！
来之能战，战之必胜，奋力拚搏闯关！

脑力对决，巅峰之战，从没那么简单！
腹有诗书，行走天下，李杜隔空吟唱……
最强大脑，脑力之王，奋力展翅遨翔！

最强大脑，在此集结，
向人类大脑的珠峰振臂呼唤：
我们来了，最强大脑，让心儿在星空趱趔！
最强大脑，我们来了，让阳光沐浴在诗的海洋！

诗的海洋，最强大脑，
智慧的浪花朵朵绽放！
看了，多么绚丽！
智慧的大脑！
看了，多么灿烂！
智慧的光芒！

你照亮了星空，
照亮了海洋，照亮了山川！
智慧的种子哟，在最强大脑中茁壮、生长！
脑力之王哟，对决在唐宋诗词的巅峰之上……

挑战不可能主题曲. 挑战没有极限

宇宙万物，皆有极限，挑战没有极限！

披荆斩棘，智勇呈现，群星璀璨耀眼！

你挑战人脑极限，

我挑战人脑极限，

人脑掌控宇宙之巅！

挑战极限，

变不可能为可能！

挑战自我，

让智慧的光芒普照人间！

挑战今天，

让我们张开双臂拥抱明天！

挑战吧，奔涌的血液！

挑战吧，激情的双眼！

挑战吧，人脑永远没有地平线！

苍茫大地，人海之间，

挑战从来没有停歇！

挑战人脑极限，

跃上宇宙之巅，

让智慧的光芒

永远普照人间！

作者简介:姜维山,笔名旗士。男,汉族。生于1967年。籍贯中国河北保定。诗人、书画家。诗词、书画作品曾多次获得中国各项大奖。现为中国书画家协会会员、中国北京秦韵源书画院会员。

日出

煦日东升不见仙,朱霞染透木苍边。

金桥跨海通红日,万丈光芒耀九天。

荷塘月色

皓月金风沐藕塘,芙蕖百媚舞红妆。

翩跹水柳齐声贺,婉转蛙鸣送表彰。

咏鹰

鹰,鹰,鹰,展翅伴云行。

双眸察万里,两爪胜刀锋。

春

才赏绵雨润满院，又见丽日暖庭前。

园内百花争奇艳，檐下巧燕衔泥欢。

慢步花丛春心漾，满腹清香仰蓝天。

一世人生昙花现，愿一幽香天地间。

秋

一行大雁绣青天，两只黄莺唱南迁。

金风阵阵摘枯叶，百花纷纷弃旧衫。

冬

天上飞鹅毛，地面走钢刀。

旗下岿然立，顷刻是冰雕。

中秋节

花草知秋叶渐黄，阖家欢聚笑语昂。

不见吴刚来献酒，只闻桂花送暗香。

中亚峰会2023

六国元首会西安，千年古都谱新篇。
中华儿女多奇志，一带一路新纪元。

中国颂

华夏情！
中华五千筑文明。
筑文明，谦逊友善，
和谐包容。
九州共塑中国梦！
交错纵横舞长龙。
舞长龙，楼林星布，畅游苍穹！

伟人

华夏几风云，伟略定乾坤。
丰碑人共仰，今古第一人。

作者简介:孙文华,男。中国河南省商丘市人。高级教师。诗人、词作家。创作了许多意境优美,诗风儒雅的诗词作品。有多首诗词作品获得中国国内各项大奖。

早春游园

孤山寒枝次第开,新燕噙泥筑旧台。
春寒料峭行人稀,暗香浮动香雪海。

游岳王庙兼忆后主李煜

后主恋国思红妆,鄂王跃马破长枪。
大浪淘尽君王是,昭昭天日辨佞良。

初荷

小荷初试美人妆,玉叶临风翠作裳。
昨夜夜雨洗新蕊,尤羡鸳鸯戏鱼塘。

题城隍阁

潇潇日暮镶湖岸，悠悠云霞荡舟闲。
丝竹管弦栖玉鉴，望江楼眺层层山。

题集贤亭

远山疏影碧玉澄，荷莲生香岸柳倾。
忆昔亭湾阅三军，不及李广羸弱兵。

题曲院风荷

荷香九曲荡秋闲，把酒临风忆流年。
点帆划出粼粼波，微醺疏影画洞天。

题天门山夜景

灿若星汉洞山开，飞瀑九仙下瑶台。
东风夜放花千树，玉兔中天戏宫钗。

题西湖冷泉亭

虚亭轩榭日已歇，云影山光共徘徊。
丹青妙笔绘圣迹，荷莲生香疏影斜。

初夏小憩孤山

月朗星稀蝉未鸣，夜雨携风过桥东。
纵是暑闲蛙声沸，难消暗香一缕情。

樱花谢时

樱花纷谢真似雪，桥头婷立俏婀娜。
借问风月哪边好？玉指点出秀山河。

花开半夏

晓风微露润校园，浅草欲滴花喧妍。
育新桃李万千树，夙星夜旦莫等闲。

作者简介:王英豪,男。笔名大河。诗人、词作家。祖籍中国河南鲁山,现居中国天津。生于1982年。硕士研究生学历。爱好文学与书法。对古典诗词颇有研究,作品曾多次获得中国各种大奖。

蝶恋花·山菊愁烟玉兰泣

山菊愁烟玉兰泣

山重星寒,

清淼淌汩汩。

春已夏了秋月稀,

白马青牛又何去。

昨夜蚤声乱人憩,

薄衣西窗,

碧落凉叶意。

欲把相思寄中土,

山长水阔知何趣?

小儿学诗

垂髫滋滋入诗门,端坐桌台眉频频。

汤羹常至多不答,怕得珠玑不得文。

赤枣子·月昏昏

月昏昏，

星残残，

怪道秋心叠叠穿。

疑为浮焱窗扫过，

醒来犹隔重重帘。

深夜纪事

忽而中岁至，　静躁取舍无。

囡囡家中对，　晨昏无定省。

闲览南华经，　内外皆是道。

摇橹值驳岸，　却顾江东时。

西窗夜吟

种竹耕塘林间吟，寻梅踏雪月惜惜。

唯有银台云中渡，绿泥煮酒书秋春。

应是酣乐三秋簟，一指北辰对月眠。

长恨此身非自有，半入江风半入人。

捣练子令·秋风静

秋风静。

雨清清。

我与愁丝两胧朦。

待到雨霁月润时。

拦儿入怀特特浓。

蝶恋花·历尽山河春色尽

历尽山河春色尽,

不道秋来,

瑟落叶如许。

蓬牖玉轮锦瑟柱,

红袖夹霜鉴无音。

欲将幽思吟美人,

一瓢甘醴,

旧恨三千弱。

最是心口难别时,

青丝雪飘旧时恨。

清梦

两山霏雨独我钓，瘦舟横锁一江雪。
非为深山镜台士，草窗蓬幽摇橹归。

鱼观美人

新红残绿间离披，陈愁新思两相磨。
不肯花间酣睡去，特特坐爱江南女。

定风波·休闻蛮鸣拨弦声

癸卯八月二十八日，仲秋再观白马青牛，一路疲惫，冷水净面，望前路无尽，思晨昏不定，谁不愿琴瑟在御，莫不静好。已而遂忘，作次以慰吾心。

休闻蛮鸣拨弦声，何妨素手弄梧桐。凉窗冷墙轻作曲，谁念？寒山瘦水琐霓虹。

龙池凤沼嘶柔泓，君听。黄叶青石对向映。

柔语岭南应是好，吾道：三丈寒铁刺苍穹。

作者简介:王文福,男。年逾五旬。诗人、词作家。年幼时便显示出超人的文学天赋,早年加入中国湖北荆州市文学会员,发表出版了许多优秀诗词作品。有多篇作品获得大奖。

遥远的故里

伸出你的手
走向遥远的故里
那是我们奋斗之地
我们已别无选择

蒙住你的眼
梦向遥远的故里
那是我们的希翼
春风吹奏温阳散漫

闷住你的心
不再激烈跳荡
昨天如烟云飘逸
今日夕阳灿烂
满月如花似玉

伸出你的手
指向遥远的故里

题自画像

一颗埋藏千年的金子

全心全意地释放永远

——永远穿不透的光芒

喜欢蹲在长江边

喝着西北风

唱那些古老的歌谣

醉了时，便躺在

——母亲的温怀里大睡

不去分辨四季轮回

以诗歌为伴

却是不太出名的诗人

以歌曲为侣

却总以和为泪

为生活而泣唱

离不开小小的几寸粉笔

每日耕种梦想与希望

我的梦大都变成了大雁的呼声

我的希望种在一双双稚眼里

那就是他们——

那些从我心灵里飞过的雏鹰

对于我——

人生杯实，朴实如风

在海上

柔柔的波涛哗响
蓝蓝的海光荡漾

阳光照耀着大海
显示无边无际的晴朗

春天到来之际
海风最温暖

春风吹又吹
冰山随之而来

那样大海上
又多了些微微波浪

那欢乐的浪花呀
像夜空之星闪烁光芒

在海岸
走着轻松的海滩

太阳把你的背影
拉得长长……

幸福．给女儿

我确定不了幸福的含义
因为我觉着给不了你幸福

是否够了，女儿
给你一美丽的身姿
外加一双智慧的眼睛

我觉着你已拿到了答案
仙女一般的身上
折射出智慧女神的仙气
这就够了，完全够了

从你降生的那一刻起
父亲我就在给你准备
不过，我的孩子
你现已成人
幸福应握在你自己的手心

你的老爸，也是你的父亲
除了一颗不老而温存的心外
可能在这个世界上
再也给不了你什么
因为，我原本一无所有

……

妈妈的眼泪

妈妈的眼泪像我童年的时光
妈妈的眼泪像父辈倾注的深情
妈妈的眼泪像一道精致的菜谱
妈妈的眼泪像收不回的向日葵

妈妈的眼泪是千年不愈的忧伤
妈妈的眼泪是奔腾不息的山泉
妈妈的眼泪是永开不败的花朵
妈妈的眼泪是诉说不完的爱恋

妈妈的眼泪像苦涩的笑容
妈妈的眼泪像燃烧的千禾
妈妈的眼泪像喷香的荷苞蛋
妈妈的眼泪像放飞的思念

妈妈的眼泪是我常年的牵挂
妈妈的眼泪是我无言的责惫
妈妈的眼泪是颤颤巍巍的脚步
妈妈的眼泪是生生世世的源泉

妈妈的眼泪是谜一样的歌谣
妈妈的眼泪是火红的生活
妈妈的眼泪是乡村的骄傲
妈妈的眼泪是大地的梦想

爱的世界，爱不着你

春天里，冰冻的故事
有一天，成了我千里的画片
于是，春天不仅仅结束
盛夏的浓郁，完结痛衷的对话
小溪流水泛泛而弹
信鸽飞放，满空飞放银色的爱情
一页页鸿书，排着铅黑铅黑的炭火
抒写青黑青黑的感官
白色的信鸽是一支彩色的风筝
放在我心灵，牵在你手中
在彩色的大地伏卧
我在青透的土地上舒展
绿枝红颜青青翠
碧草幽幽霜满际
但，并没有严冬

寒风中介浸一丝丝暖流
参染一缕缕波荡波荡的晴蓝
花香的皮已成为青春的晴朗
含饱欲放是我的晴光
你已去早春的冷色

我呼吸着你温和的故事
我沉醉进黎明喷射的窗口
早春之树，飘荡一丝丝神往
太阳是不课时地赶程
空气喷香喷香，思念喷香喷香
阳光明媚的红晕，流彩飘逸
粉红的世界，粉红的情感
但爱的世界，爱不着你

作者简介:何适强,男。中国广东珠海市人。曾是一名教育工作者,后辞职下海经商。爱好文学创作,诗词作品多次获奖。并对诗词有独特的见解,认为诗词创作如果过于追求押韵就会失去诗的灵魂。

天安门广场之晨曦

天赐神州天安门,金光万里彩云间。
春风二月花开处,人间仙境华夏来。

黄杨山

烟雨黄杨草木深,鸟语花香过青溪。
流水飞瀑映日处,早有碧荷近眼前。

水松林之恋

天赐人间碧翡翠,荡涤风尘泗水间。
涛声依旧轻拍岸,醉了秋色入画来。

黄杨山下之晨曦

微风不燥新雨后，旭日桂花飘香来。
松竹兰菊霜露雪，好官同泣天下知。

深秋之韵

寒露凝霜云风轻，碧荷荡涤水松间。
青溪流水长亭晚，伫立佳人为了谁？

秋夜

月隐星稀风微凉，桂花兰芝香如故。
平湖秋月乐韵在，帘卷西风正好眠。

作者简介:常红霞,女,笔名风吹过。汉族。籍贯中国山东省淄博市。诗人。生于1978年。喜欢写文字,一个总是不小心把生活过成故事的人。诗文收获颇丰,散文曾获得过省级大奖。

等风来

岁月无伤,

剪一影烟雨江南,

我就站在你的隔岸,

等风,也等你。

一池秋水,吹皱了时光。

一段尘缘旧梦

荡漾于江波之上。

不染烟尘,却惹了红尘

于是,

在光阴深处的最深处,

等来的风

吹乱了结局,也苍老了等待。

当时只道是寻常

我在秋阳下孤独的踱步

任花事闲落在窗台

我不知道

空中那一剪闲云

把你带去了哪里

但曾记得

那一场你酒醉后的浓睡

你衣襟满带的茶香

你的笑，如初见时的春光

西风凉，闭疏窗

我满纸笔墨，

画不出你当时的模样

惜流芳

只道当时是寻常

忆成伤

落木潇潇独自凉

我与秋日对影成双

你在那方

人面桃花

那一年，我寻春而来
那一天，灼灼桃花盛开
那一年，我轻踏幽径苍苔，
那一天，我轻扣了一扇柴门。

你笑语嫣然，看春色浸染
那一场
开在我梦里妖娆的桃花源啊
那一段
来了又去了梦无痕的浮尘事
那一年，我寻你而来。
那一天，深春依旧桃开。
那一年，我步履缓缓竹篱青苔
那一天，你门扉深锁，我再也轻扣不开。

芳菲零落，凌乱了心怀。
我却不知何处再寻你，
只见春风十里，桃花笑开。

作者简介:文冠宇,男。生于1980年。籍贯中国黑龙江大庆。研究生学历。笔名宇文之冠,著名网文作家。代表作有《穿越少女拯救废王爷》、《穿越九七》、《平行逐鹿》、《万能家教》、《隐身赘婿 》、《醉卧江山画余生》、《青丝入梦碎华年》、《鹿鼎文曲星》、《火烧桃花岛》、《判官别闹》、《锦绣江山南描绘》、《蛋蛋熊》、《兜兜猫》、《趣味西游》、《篮球小将》等多部长篇小说。

十年一剑

十字人生侧徘徊, 年月流逝难归来。
一去不回似流水, 剑过留痕梦未埋。

迷道

身处多事烟雨中, 久醉不知梦未醒。
回头那知魂已升, 应往何处赶星程。

独行

鹏程如风落古城, 群鸟齐飞破空声。
孤身环视皆不在, 寥寥此生唯我狰。

草咏

安得你心千万缕, 愿与常伴绿湖沙。
满地皆是芳草木, 枯死花前墓成家。

遐迩

身处多事烟雨中，久醉不知梦未醒。
回头怎知魂已升，应往何处赶星程。

美梦

细数往事已成尘，冉冉点滴由在心。
别时原知梦初醒，相聚又将乘美梦。

如戏

一忧一喜乐自然，爱来爱去过华年。
亦梦亦幻雾似烟，亦真亦假年复年。

明

富贵皆有命，半生似梦中。
邂逅春至冬，情爱待天成。
独思一沾指，时光去无踪。
长虑自苦恼，常笑可纵横。
昨日事有定，明日多变更。
相聚缘所至，日月永是明。

作者简介:吴烈,男。祖籍中国四川。中国四川省作家协会会员。中国四川省成都市音乐家协会会员。知名诗人、词曲作家。诗歌、词曲多次获得中国国家级大奖。

成都芙蓉花

梦里的芙蓉树
开满了芙蓉花
锦城秋天犹闻
几十里花香
长在古蜀都的大街小巷
依偎碧波荡漾的锦江
啊荡漾的锦江

风吹过芙蓉园
一阵阵暗香来
谁在园中种下
迷人的风光
展开新成都的芙蓉画卷
拨动多少浪漫的情弦
啊浪漫的情弦

缤纷时节像朵朵彩云
美丽的传说令人难忘
啊令人难忘
锦绣芬芳把蓉城装点
新时代再写壮丽篇章
啊壮丽篇章
再写壮丽篇章

在泰国芭堤雅放飞遐想

鸟居巢眠，灯火阑珊
沉浸在芭堤雅缤纷的夜色里
任暹罗湾的缕缕海风
伴随着蓊郁的椰林芬芳
亲昵地梳理着我的头发
她像温柔的春武里女郎
在霓虹灯光里轻歌曼舞
令异国游客如醉如痴
就在恍惚不经意的刹那
她掀动奔放的狂野
如太平洋涤荡的波涛
嘭嘭嘭地拍打着我的心扉

阳光明媚，海鸟翱翔
沐浴在芭堤雅的日光里
任热带强烈的紫外线
将七色光芒抹在我的脸庞
独自枕着银色的海滩遐想
尽情享用与海浪缠绵厮磨
人们像躺在海滨的一本本书
纵使被风浪翻卷开
不同的语言肤色与文化
迥异的宗教价值观和思想
湛蓝的大海依然展开
博大清澈的胸襟
将世间一切差异恩怨及纷争包容

看暮霭中闪光的动感地带
我在五彩斑斓的梦境把盏吟咏
在梦幻与清醒的迷糊时刻
我睁着一双社会主义的眼睛
凝视着朦胧美丽的芭堤雅
打量着诱惑开放的芭堤雅
观察着迷人勾魂的芭堤雅
感叹着激情似火的芭堤雅
将连绵的思绪放飞蔚蓝的天空
将多情的诗句唱给自由的海燕
将冲动与欲望淹入晶莹的海水
将祈祷和祝福献给友善的人民

意识形态就像孔雀或麻雀
生活方式犹如吃荤与吃斋
土地随季节使花木凋荣
世界因多极而绚丽多姿
信佛与信道可以在此相伴
阿訇与居士可以在此同游
僧侣凡人与人妖可以在此共生
庙宇清真寺教堂可以在此矗立……

极目眺望一条蜿蜒滴翠的海岸线
颤悠悠地弹奏着和谐惬意的音符
我在温暖的海水湿润的季风中
静静地依偎着这方风景如画的港湾
让心灵和瞩望搭乘启锚远航的巨轮
将吉祥的和平鸽青青的橄榄枝
深情地放飞播种在天地人间……

情系祖国守边疆

穿上心爱的戎装

我为祖国守边防

巍巍高山脚下踩

茫茫草原踏碧浪

唻　唻唻唻唻

唻唻唻唻 唻唻唻

大漠戈壁战风霜

大海练兵斗志旺

严阵以待紧握钢枪

战车战舰筑铜墙

人民军队豪情壮

屹立在神州边疆

穿上心爱的军装

我把真情献国防

战鹰翱翔在蓝天

战略支援撒天网

唻　唻唻唻唻

唻唻唻唻 唻唻唻

火箭倚天傲苍穹

捍卫和平咱担当

八一军旗指引方向

将士意志坚如钢

人民军队忠于党

保卫咱祖国边疆

保卫咱祖国边疆

作者简介:张敬文, 女。中国河南开封人。诗人。爱好读书, 醉心于书法和写作。文学创作上对现代诗情有独钟。有多首诗词作品获得奖项。

写给自己

每天都在仓促的追赶

谁的脚步可以变得坦然

来到世间 唯一想要坚持的事

叫做 初心不变

过了那么久 谁还会记得

是为什么出发 又想抵达什么样的终点

从早安到晚安

好像不过一瞬间

每天都在改变 好像又没变

最初的她 在哪

是否还能找回曾有的简单

好怀念 她的果断和勇敢

好怀念 她的洒脱和自然

好怀念 她的真诚和温暖

总有太多怀念

是我再没有勇气追求的 遗憾

乱了的步伐 就让它凌乱

试图找回的东西

无论它 变没变

都该归于终点

缝隙

我不想走出那扇门

我不想身处密集的人群

我害怕看见光

我害怕听到声音

我不知道我在想什么

我不知道我在做什么

细细的雨滴

它又悄无声息

你还在那个房间里

没有说话 也没有情绪

他猜不透你

是谁让你变得如此

那些你爱的人

又在哪里

我和世间一切总有一道缝隙

偏可看尽世间离奇

又想止步于此

不要再多一些故事

止不住的悲伤只是因为看了一部剧

那古老的谎言沉默在哪里

我流泪的眼眶是在为自己哭泣

我想走出那扇门

我想身处密集的人群

我不想害怕看见光

我不想害怕听到声音

我多想知道我在想什么

我多想知道我在做什么

满天的乌云

它开始在我的心里下雨

我不再躲在房间里

我开始说话 开始向谁表达

他不再去猜你

他为你欢喜

我和世间一切的那道缝隙

原来只为指引我走出去

不再想止步于此

想要再多一些故事

直到可以和你

一起去经历

这样的时光

希望可以 一直延续

作者简介:李正在,男。中国湖北武汉人。中文系毕业。作家。曾是一名记者。中国散文协会会员。代表作有散文《窗外有棵老构树》、散文诗《故乡,有一条小河》等。作品曾多次荣获中国国内诗歌大奖。

盛夏

慢慢长长脚下路,
悠来悠去飞秋云。
知了蝉鸣声切切,
绿豆汤圆等亲回。
有问苍天悬九日,
汗流夹背遭人罪。
夏走秋来秋运旱,
细呢哝抱美人归。

母亲生日

祖国,母亲。
我躺在母亲的怀抱里。
在宽敞的马路旁,
鲜艳的五星红旗迎风飘扬。
猎猎声响,牵动着亿万人民的心声。

啊!是时候了。

10月1日。

此时此刻，请让我大声高呼。

祖国你好，生日快乐！

我昂首挺胸，行走在宽广洁净的大道上。

信心满满。

脚下生风。

这一天，我更坚定有力。

祖国，母亲。

我躺在母亲的怀抱里，

感受到无比温暖。

是阳光雨露，

是春风浩荡，

是母亲那雪白的乳汁。

我感谢你，祖国母亲。

啊！祖国，母亲。

我躺在母亲的怀抱里，

感受到无比幸福。

10月1日，请让我大声呼唤，呐喊祝福。

祖国母亲。

愿你：寿比南山，福如东海。

作者简介:栗丽。艺名艺菲。八零后。生于中国东北,现居中国上海。诗人与养生专家。一生都在研究将中国诗词传统玄学文化融于现代生活养生中,并出版了多部著作。

追逐心中光

夜幕星河闪烁一束光

透过卷帘烛光一瞬间

一缕耀眼射速亦永恒

一团宇宙之光环绕着

蒙上迷失双眼

关闭一扇地狱之光

卸下战斗躯壳

开启一扇天堂之光

释放呐喊器官

开放健康快乐之光

妳是狂野角斗士

开始生命不息咆哮

天地间吐纳呼吸声

唤醒被沉睡的魔咒

过天地雪山草原天路

心灵希望之光砥砺

妳聆听天籁之爱蔓延

生命守护之光陪伴

妳穿越时光之爱流淌

古老意境轮回今生今世

百年故事印记三生三世

妳被世俗蒙上一粒沙

转身神圣一尘不染

洗礼心灵干净清透

文明洗涤野蛮时代

文化传承于和谐共建

朝朝暮暮千古筑基

淡泊宁静万卷书房

妳曾少女

茫然回首初心不变

妳曾迟暮

沧桑银丝两鬓斑白

妳会老去

躯壳糟粕留有精神信仰

妳会百年

默染散诗留有生命痕迹

你曾来过人间

透过喜乐你全然不知

妳曾淌过孟河

生死之间你蜕变重生

妳曾看人生

透过究竟永不会遗憾

妳曾看生活

平凡之路永不会放弃

妳曾看生命

贵养生命不息的自爱

妳曾看灵魂

如一朵清廉浊世莲塘

心灵的天籁

落霞与孤鹜齐飞
是夕阳栖霞之美
云朵与飞鹰翱翔
是云卷孕吐之魅
千年古昙花成仙
自然石槲煮成茶
古稀之年莫执念
迟暮之年莫贪恋
追溯穿越英雄本色
回归心灵烟火本心
一杯君子茶悟淡
一品女子茶德清
德胜过天命自转
善胜改命运自顺
阳光普照入心间
宇宙多维入心魂
漂泊游子魂故乡
奔波几两碎银忙
心识如若初实
山水轮流回转
生死佛魔一念间
顿觉万物一阴阳
古人苦得身心悦
古书骨得心清风
古代敬德古圣贤
人生不过一场戏
生活不过一场雨
生命不过一场诗
养德修身养性根
养福修家养慧身
养圣养习养自读
读得养圣解生命
懂得养生好生活

作者简介:陈丰,女。笔名酌诗酿。中国湖北孝感人。90后诗人。爱好创作,用文字记录生活的点点滴滴。代表作有散文诗《人情味》、《鲸言水语》等。

散文诗《人情味》三篇

一

风吹稻田,诉说无声,

那时我抱着我妈质问道:妈,我的快乐没了,

怎么办,为什么我的快乐再也找不到了。

于是我妈抱着鼻涕枕头泪粘稠一起的我

又无奈又沉默的睡着了。

一口月饼甜腻黏

不见酥星迎月绕

只觉深秋凉月浅

月饼想问

你可否有思念的人在身边

我吃了月饼思念的人可能在胃里或者心里了

算可甜可盐吧

雨泛起层层涟漪轻声说:你最珍贵

二

我也坐过飞机
那时透过云层看着那片厚重，
饱满，结实的坚强好似嚣张
现在看着那一些云
一团团懒洋洋的棉花糖有点柔弱，
漂泊，开朗好似张扬
云突然问
你就没有在穿过我的胸膛或擦肩而过的时候心动过
我可能感觉好像有一刹那的与你心意相通
算怦然心动吧
算你有点模样

三

我也做过高铁动车
当速度拖住我的目光桀骜不驯的驰骋张扬，
有点轻狂的一声不响
当距离拉进我的车票心之所向的遥望远方，
有点畅快的无人可挡
座位突然问
你躺着坐着的时候有没有一点难受
我可能一边吃喝一边看不快不慢的享受难受的时光
算不慌不忙吧
算你有点识相

作者简介:王礼波,男。中国湖南益阳人。曾是受父老乡亲热爱尊敬的村官。现已退休。爱好诗词和对联创作。擅长古典绝句。

迷庄

翠树幽兰月季妖,花中歌舞伴长箫。

碧水龟潭牛带宇,一门瑞气乐逍遥。

桂花

旭日秋晖胜过春,红云白雪佩黄金。

撑天伞下纷纷雨,不湿衣裳香一身。

钓

斜光水影苍山倒,浪泊矶台把钓抛。

收来撒出久空伦,不识东眠弹旨到。

雪

夜暮寒风冷，朝明白帝城。
竹破枝残落，疮痍满目生。

荷花

竹生千伞绿，苔箭万支红。
徐立紫玉阁，疑坐彩云中。

瀑布

遥观雪壁崖，近视冰蚕纱。
霞光射银幕，闪烁霓羽花。

中秋

阁楼饮酒少一人，久入广寒照红尘。
月到中天不见影，几翻遥望未开门。

作者简介:孙占林, 男。现年52岁。祖籍中国内蒙古。一生爱好文学, 特别喜欢创作诗词歌赋。

风

无边而过的风里
栽种下四时不同的变幻风景
我不知你遨游了多久的时间
仿佛将万古难以磨灭的气息
送入我的心端

一路就那样自由地游荡
没有人记录你生命的长短
在某个瞬间
你轻柔的心怀
拥抱了岁月之中的变幻

我多想追逐你远去的脚步
无惧阴冷和黑暗
走过茫茫夜的旅途
寻向宁静清晨中太阳的光焰
你便成为了我生命之中的召唤
陪着我走了很久很远

你穿越了久远的时间

你赶过了万水千山，擦亮了遥远的星辰

你送来了雨雪

和秋来的薄霜

你也送来了生命之中的感动和怀念

你也送来了我人生之中的诗和舒缓伸展的画卷

我感叹你忘了流年

忘了路途的坎坷和艰险

将一种生的从容坦然

留与我多少感动的瞬间

就那样无所顾忌地奔来走远

你在我的心中

点燃起寻向幸福和光明的火焰

美好的明天在眼前清晰地呈现

作者简介:郭学明,男。诗人。生于1962年,出生农村。现居中国甘肃省临夏州东乡县。一生从事教学工作。小学高级教师。教书育人之余爱好文学创作,擅长诗词。

刘家峡大桥

工程设计堪精湛, 劳苦心血凝其间。
前瞻后顾览风景, 南来北往叹奇观。
高空挂下铺大道, 碧水侧旁起漪澜。
衔接双洞似戏珠, 白云蓝天山连山。

家乡

是婴儿的摇篮, 梦醒时已忘记。
是成长的脚步, 到站时已无法留恋。
家乡!
是清澈的河, 只顾流下不在回顾。
是一盏明亮的灯, 点亮时星星不在闪烁
啊家乡!
是遥远地思念, 月夜地期盼。

求学

一笔一画一个梦，为学为事为做人。
勤奋好学肯拼搏，强者风范勇攀登。

小小的我

天高高,地小小,
小小的我像沙漠一粒尘,
风暴雷雨中洗沥着!
星光月夜，岁月如流水。
不懈地努力，茫茫沙漠中，必定有我。
必定有我，星光灿烂!
天高高,
地小小,
小小的我像塬野一小草。
阳光雨露伴我成长!
冰霜暖风，时光如骏梭。
执卓地追求，飞腾时代中，必定有我。
必定有我，七色彩虹!

作者简介:戚玲,女。网名凤凰涅槃。汉族。中国湖南永州人。一个把生意做成诗的才女,生活中喜欢用诗歌来表达自己的思想和心声。

倒春寒

一定是春风听信了谗言

乍暖又寒

任塞北的冰雪趁机卷土重来

颠覆梨花替代的白

意在对崛起的绿心怀不轨

继而让南方大雨滂沱

沿途返青的日子

花事不再如火如荼

你爱慕的桃花啊

在三月艳遇里花容失色

从此

你的心再也无人能捂暖

九月，白露

露从今夜白吗
故乡的明月早已埋下思念的伏笔
而丰收始终贯穿秋的主题
我试图把离情别绪凝练成诗
让秋风捎带南方以南
问大雁迁徙的地方
蒹葭是否也能见证白露为霜

这九月阳光不再炽热如火
有了人间烟火般的温情
而一场秋雨让向日葵的告白
为时已晚
谁又为露浓香被冷而伤感

今夜的白露会不会打湿周庄梦蝶之路
我自笔端提取原野金黄的暖色
为九月描绘浓墨重彩的一笔
点缀落叶归根之旅

作者简介:赖正国,男。生于1975年。诗人。籍贯中国广东省南雄市。喜欢诗词对联创作,作品多以歌颂和谐生活为主,并多次获奖。

中秋之夜思亲偶书

中原明月照华夏,

秋夜柚香飘万家。

佳肴美酒庆团圆,

节日祝福暖人心。

思家不忘父母恩,

念乡多忆童年乐。

亲情可贵本无价,

人生苦短须自珍。

与家人名讳偶书

日月同辉千古明，
尧德济世万代昌。
正风微拂千野绿，
国运兴邦九州红。
长远愿景启思路，
诚信敬业展鸿图。
淑德贤良秀中慧，
娟丽人生续新篇。
赖氏三代人名讳，
蕴藏强国富家意。
生为中华好儿女，
不忘初心担使命。
复兴之路强国梦，
勇往直前我践行。
亿众一心御外侮，
众志成城抗疫情。
敬老帮困爱幼童，
爱国爱家望大同。
学好华夏文明史，
做个自豪中国人。

作者简介:仲昱潼,女,汉族。中国青少年。祖籍中国黑龙江大庆。幼年就展现出了不一般的文学和音乐天赋。喜欢弹钢琴和写作。擅长现代诗歌的创作。

大海的绝望

那些年，那些日子，
在大海旁留恋。
这些年，这些日子，
大海，早已不见。
曾经湛蓝的海洋，
那些童声荡漾。
现在的红色光芒，
无人前往。

多少纷争、多少灰暗，
那些先祖英勇无畏的奋战。
多么黯淡、多么惘然，
以为的守护者毁了一片盎然。
渺小的生命，
在黑暗中响应，
可是黑色的海，
已经无法更改。

跳上岸的鲸，

发出悲鸣。
生活在黑影，
渴望曾经大海中的旅行。
大海的绝望，
怀念着岸上的嬉笑，
在一片漆黑中哀悼，
遗失的美好。
听懂吗？
它们在哀号，
潮起潮落的步调，
夕阳鲸落的美妙，
不复再好。

我们的海是红色的，
曾经的洋是蓝色的，
以生命为代价换来的，
是什么？
是那微不足道的私利啊！

多少人没看过海，
多少人已不在，
遗愿却无法偿还，
那纯净的海，
不复存在。

鬼才小说

GUICAIXIAOSHUO

作者简介:王有才,男。中国山东省东营市人。1986年始发小说。在中国有影响的文学刊物上发作品若干。曾担任中国山东省东营老年大学报副刊编辑八年。分获第七届、九届黄河口文艺奖(文学创作)。多篇作品获得过各项文学大奖。代表作有《盘岭旧事》等。

读书的人

邹俊身影一闪,我顿感惊诧。虽与其久未谋面,可一搭眼即从诸多乘客中辨认是他。凝视失衡的步态,心中直泛嘀咕:咋搞的嘛,一颠一拐的,变成跛子了吗?

我大步流星上前,端详他那久违的脸庞疑惑不解:黑黢黢精瘦精瘦的,充满疲惫与沧桑,与印象之中阳光态判若两人。虽多年未见,亦料人会自然变老,但也不至如此吧?从那沉重的脚步里,思量着其中蕴蓄着怎样的酸咸涩苦辣,世态炎凉?

两双手相握,我打量着:"欢迎呵,哥的模样变喽。印象中,你不抹大宝,也细皮嫩肉光光鲜鲜的。"邹俊咧嘴憨笑,"今非昔比喽,现在即或抹大宝,这张老脸照样麻麻咧咧跟麻土豆似的。"我竟忍不住发问,"咋搞的,过得挺操心么?"他凄然苦笑:"别提了,前年呀犯个大错,险些载进班房,嗨,一言难尽,说来怪丢人!回头再和你慢慢细聊啵。"

年轻时的邹俊帅气,细高个。人勤快,并酷爱读书。闲暇练就一手人见人夸的毛笔字。好说好求,年年春节做义工为乡亲父老们书写楹联。每年年三十这天,他为写各种春联、福字之类忙得汗津津的。那时候对联没处买,全凭他一双手龙飞凤舞,村民盛赞他"秀才"。

凑巧村校缺员,推举他去任教。不久应试,幸运中考。嘿,摇身一变,庄稼汉竟成了一名正式的人民教师。邹家三辈单传,为要个男孩,年三十夜,应岳母安排，妻兄邹俊坐福祈祷。他自然照办不误。说，宁信其有不信其无。其实，他私下曾对我讲，这没啥科学依据。之所以顺从，完全是为哄老妈开心，让老人家舒舒心心过个好年。

夫妇俩抓钱虎似的能干。邹俊挣一份工资，另种村里分的菜地，还有房前屋后大菜园。另雇拖拉机开垦好大片耕地。夫妻二人披星戴月奔忙，日子愈发红火。

"忒累吧，"邹俊蹙眉，"睡眠不足，春困秋乏夏打盹，轻来轻去扳倒山。"我提醒：长期过劳，身体会出问题的。见他不以为然，就进一步明确：积劳成疾。他说是的，应劳逸结合。但马上强调，像咱这一大家，上有老下有小，不勤快点，只能喝西北风喽。

邹俊爱看书，捧起书啥都忽略了，难免有时耽误活计。妻嫂没少嘟囔。他不急不火也不生气。有次，妻嫂唠叨加码，语气添加了分量，塞进些粉面子味道。极力挖苦道：

"游书海比吃肥肉片都香？比见到爹娘都亲？跑外办事净吃亏，都是拜读书所赐！书读越多人越傻，夯料，读成书呆子咧。书能当饭吃，还是能当菜吃呀？书咋那么有味道？迷得你神魂颠倒。先闭嘴，别跟俺啰啰书中的黄金屋，书中的颜如玉；也别嘞嘞甚么朱买臣马前泼水，诸葛亮草船借箭。读书成器避灾乱七八糟的怪论奇谈，俺听腻了，早听腻啦！"

邹俊总是笑眯眯，轻轻放下书，平心静气地说："贤妻息怒，唠叨不休何必呢？那咱就侃段新鲜的？你看成不成呢？"妻嫂说，"别跟俺玩曲线艺术，拐着弯窝囊俺！"

邹俊仍乐呵呵，意味深长地瞄瞄妻："早先吧，有位书生励志光宗耀祖。见天捧书研读、苦读、废寝忘食地读。他常坐院中读，时而叹息、时而微笑、时而拍腿，时而惊叫。更多时是默读。但是，常将书贴脸沉思，偶贴胸口陶醉。形象生动，不时触动笑声爽朗。

天长日久，竟引起院中老母猪的关注。古代，猪地位高也自由哇，家家普遍散放不是圈养更不笼养。猪就想啊，主人见天捧书痴迷，瞧那开心劲儿，足见那玩意非寻常之物。口感定特别香甜，味道定特别鲜美。营养不知要胜过俺猪氏家族的秕谷糠麸这些家常便食多少倍哩，若时来运转，让俺猪老娘子美美地啜上一口，哪怕闻闻味道呢，也不枉俺猪生路上走一遭。这样想着，扭歪着头，神往地仰注书生手中的书，目光里充满觊觎与渴望。

某日，朝思暮想的机会来了。妻唤夫去厨房搬米。书生应声而起，随手将那书放凳上。老母猪一见心花怒放，晃晃荡荡哼哼唧唧自说自话，千载难逢哦，嘿，机不可失呵！迫不及待凑过去，一嘴巴头子拱翻了凳子，书啪地跌落在地。

猪迫不及待，扩嘴叼起书，却咬不动，嚼不烂。探索性地嗅了再嗅，觉得还不如槽中佳肴味道可口。猪纳闷，慨叹：麻辣格代儿的，此物没滋没味，值得书生整天依恋不舍不弃吗？你说世上些个秀才，些个读书人，唵？蠢透腔咧。反笑俺蠢猪，污蔑！该给俺猪氏平反正名，嘻——还俺猪类公道。俺懒猪懒福嘛，总由人类供养俺，侍候俺，常年累月为俺壮膘服务。

邹俊声情并茂，逗得妻嫂嘎嘎地乐。笑后，品味丈夫的影射，并不生气。评论：瞎掰，编瞎话，瞎白话！纯粹说你自己。又说，书再好，不是一天看完的，往后日子长着呢，悠着点吧，注意莫熬伤眼睛呃。是的，邹俊笑话里的书生，确有他自身的影子。

书是刘知侠著的《铁道游击队》，当那本书从老母猪嘴里夺下时，面目惨不忍睹。邹俊捧着体无完肤的书，心疼地流下了泪水。那年他16岁。让他颇感揪心的，这书是借前院邢哥的。如何向人家交待呢，赔是必然，可怎么跟他说呀？

还是没法还了，欲赔偿竟买不到这本书。好不容易托人从外地捎了本《苦菜花》，是冯德英著的，还给邢哥，人家不肯收。又人托人设法在省城买了本杨益言罗广斌合著的《红岩》，邢哥也断然拒绝。后又托亲戚从省城新华书店捎回一本曲波的长篇小说《林海雪原》，邢哥这才接过去。其实邢哥平日里不小气，他是因邹俊没保护好书，心里窝着气。

邢嫂出了事故后，那棵钻天杨当天就伐掉了，并大卸八段。我们老家那早就推行殡葬改革，一律施行火葬。但部分村民总思想不通，挖空心思维持土葬。他们不愿逝者爬大烟囱。于是镇上成立了殡葬监督小组，选招几个不徇私情的临时工。

这伙人素质不高，纪律观念松懈，整天吆五喝六，不怎么讲究方式方法。挖坟掘墓，高压态势。一派乌烟瘴气，影响不佳。不久，遭到逝者家属坚决反对，控告到法院。诉讼说他们亲人的殉葬品被非法侵占，欲讨说法，请求人民法院判令按价赔偿。列出清单一长串：珍珠玛瑙金项链，金佛玉佛观音菩萨，还有金耳坠银耳环，银项圈金手链翡翠鸳鸯镯什么的，各类首饰五花八门。

他们聘请律师，找街坊出庭做证。理由表达充沛：改开数年，普遍富裕。俺懂感恩，可如今依法治国，讲究社会和谐。殉葬物品，既然出土，即归属文物范畴，也该充公归国家归全民所有，岂容这类鸟人擅自瓜分中饱私囊？甚么行为？是何道理？盗墓贼都晓得这营生不地道，见不得阳光见不得人，只能借夜幕掩护悄然运作。而货们利令智昏，朗朗乾坤光天化日之下，举着殡葬改革之幌，沆瀣一气。公开损阴德，丧天良，该当何罪？

他们将殡葬监督小组和火葬场一起推上了被告席。发生过几档子类似事件，事主死缠硬磨，坚持不懈。有关方负责同志身心疲惫，伤透脑筋。索性将殡葬监督小组解散了。先还对土葬户处罚，双方为此对抗，当事人态度钢刺：要钱没有，草命一条，拿去！罚款运行不畅，拘捕与法无据。只能睁一眼闭一眼，火葬继续宣传提倡，土葬暂不予追究。

岳母辞世在寒冬，赶在这段时日，即或土葬，也没谁前往阻挠，可还是送去火化了。此举是尊重岳母遗愿。在上述一系列事件后，岳母曾明确表态，也算正式向家人做交代。她幽幽地说，生生死死客观规律，人活着吃土，死了还土。我看火化好，卫生，我拥护。国家既然提倡这样做，自有他的道理，咱积极响应号召，光荣。

邹俊悲痛，按照老风俗，取一沓黄裱纸，边焚烧边流泪边念叨：母亲，钱多着呢，您在那边别舍不得，不必忒仔细，该花你敞开地花敞开消费呀呵。寒风中，如泣如诉的话语，随着飘飘摇摇腾空而起的黑色蝴蝶、金色蝴蝶漫天飞舞……

事情的发生，追根溯源，缘于前邻事故。前邻事故似乎与妻嫂那场怪梦有关联？至少妻嫂这样认为。意外事故的前晚，妻嫂梦见过婆婆，婆婆生前一样爱唠叨，他提示妻嫂：明天莫上树，上树准别故。"别故"是俺那的方言，即辞世故去之意。婆婆将这话对儿媳不厌其烦反复宣讲，以致妻嫂醒来后竟牢牢记住了这番话。

妻嫂对邹俊说梦之后，一脸阴云密布，悲悯地说，俺看前邻邢嫂也见天攀爬杨树褪枝叶喂羊，要不要提示她一下？邹俊皱眉："一场梦而已，梦是心中想，何必当真呐！比方说，'别故'乃贬义，一般不用。母亲生前雅吐连珠，唠起嗑来暖心暖肺，她岂能爆出这等粗俗的话？再说，这事纯属迷信范畴，你跑人那咋说呀？"

妻嫂不理丈夫，跑邢嫂提醒，没敢说梦，只委婉奉劝今个日子不宜登高。邢嫂微微一笑，说俺信奉唯物主义辩证法。之后一本正经地表示，要是不采树叶，羊今天绝食吗？

邢嫂人能干。身板胖嘟嘟，上树却利落。做派爷们一样，将镰刀往裤沿一掖，蹭蹭蹭，猴子似的攀上树。起先谨慎，逐渐懈怠。登得愈来愈高，树杈就愈来愈细。钻天杨乃速生树种，枝杈脆嫩，突然嘎叭一声，邢嫂踏断了枝杈坠落……

妻嫂平时较为迷信，她感念婆婆托梦提醒，让她及时避灾，还设法帮助了邢嫂。祭奠婆婆就势在必行。于是，清明节那天，夫妇俩比往年添加了些黄裱纸，来到墓地。

邹俊心知肚明，防火期野外弄火是违禁的。为防意外，他拎了铁桶。怎奈黄裱纸一经燃烧即疯狂无羁，就跟冲出地狱的魔鬼，一旦失控，宛若大大小小数不清的火球，飞向树林，飞向山坡，飞向四面八方。老俩慌了手脚，立即扑向燃火点踩踏，根本无济于事。

邹俊赶紧割桦树梢子，夫妻俩人手一把，拼命扑打。怎奈草木干燥，星星之火可以燎原，亦可燎山林。起先仅脸盆大面积，后经俩人扑打，火点不仅没减少，反扩散开来。老俩玩了命，脱衣扑打，人被火摆布得满山坡叽哩骨碌，划得遍体鳞伤。

山火面积在继续蔓延，火舌呼呼作响，甚是凶耀。好在邹俊微信群发，好在村里家家户户均拥有代步工具。俩轮仨轮四轮各类车辆全派上用场。全村总动员，男女老少齐参战。甚至，好多人家将日常配备的灭火器也搬上山了。邹俊平时人际关系和睦人缘好。村民们万分卖力，情愿豁出命来扑救，很快将山火控制住了。

总结教训也在情理之中。妻嫂指责邹俊，烧纸时，如果不是你三心二意，捧着张破报纸傻看而错过了及时帮助防护，今天能搞得如此兴师动众吗？

邹俊辩解，那也未必，天火烧冰窖，命中注定。的确，邹俊当时在读报纸。那报纸是地方晚刊，刊载着一篇高考满分作文。考生的名字叫江河，标题：液体之火。全文以诗歌形式刊发，词句一下就抓住了邹俊的眼球：让你 若梦若醒 飘飘欲仙 让天地颠倒 让世界旋转 把人类历史 浇灌的跌宕起伏 将琴棋书画 熏染的色彩斑斓……

开场白就文采斐然。他是掏打火机时带出了这张折叠的小报。点着了黄裱纸之后，就被考生的诗句吸引。当读到末尾"你这千百年 永远燃烧的液体的火焰"时，听见了妻嫂的锐叫声："快点哦，跑荒火咧！"

林政方面经过现场调研评估，在处理时，又亲见老俩衣裤烧烂、眉毛头发几乎燎光。鉴于当事人在事发后能极力扑救，且能组织村民及时前往灭火，使损失降至最低。有关方决定免于追究刑责，从轻发落，给予罚款一万元处分。

事过多年，妻嫂仍余悸未减："水火不留情呃，不得了！如果判了刑，你哥他退休金准是泥菩萨过河，一辈子的打拼全付之东流咧。"

处理结果被告知后，邹俊一身轻松。没顾得换衣，就去买若干烟酒糖茶，散发分送，以表感恩之心。他要按价赔偿村民灭火器。统计时，全都被婉言谢绝。

他们深情地表示，不必，这辈子你总帮俺们，还不该俺帮你一把吗？要算，我们得找给你钱呢。邹俊感动，邹俊眼里湿润了。他们见邹老师不过意，就说，反正灭火器快过期了，你还还啥还呀！

邹俊哪能不还，专程跑趟市里，购买一批灭火器挨家致谢，一一赔偿。

邹俊就是在扑火过程中摔伤的腿脚，据医生诊断后对他交待，须好生养上几年以后，方有望恢复正常，这期间不宜重体力劳作。

邢嫂死里逃生，多亏妻嫂暗助。实际上，等于是救了她一命。当时，妻嫂感觉她忒疏忽，就上了心。见邢嫂蹬石头攀爬到树顶上，妻嫂越看越心惊肉跳，一颗心悬到了嗓子眼。索性将附近几捆豆秸扛过来，默默放到树下的石头堆上，那些石头是建房时用剩的。

果然，邢嫂踏断了树杈突撸下来了。跌落过程中又砸断几根粗树杈，重量就被缓冲了一次又一次，最终跌落在近一米厚的豆秸上，无大碍，仅受些轻微伤。

不久，邹俊进城花六百元，购买两株嫁接的五彩月季花树栽植院中。妻嫂明确表示，早该移风易俗哇，俺再不上坟烧纸咧。邹俊对我说，平时我们一家人可以赏花。还可随时疏枝剪花，祭奠逝者。文明环保还安全。邹俊还说，出于各方面考虑，根据林区护防政策，我家也入乡随俗，将祭奠日期更为旧历的七月十五。

后来我选暑期北上，专程去岳父母坟上鞠躬。同时细心地观察了附近山坡林相，发现这是片营造多年的人工混交林，前些年就已郁闭成林。有红松樟子松和落叶松。由于当时扑救及时，火烧迹地现已不复存在。多数过火树烧燎轻微，再度焕发生机，满山坡郁郁葱葱。

前不久，邹俊视频通话兴奋地告诉我，他的书法作品"移风易俗"，荣获省老干部局举办的"夕阳杯"全省老干部书法作品竞赛一等奖。

作者简介:李耀洪,男。笔名骆左洪。中国广西崇左市人。小说家。中国微型小说学会会员。中国广西省小小说学会、崇左市作家协会会员。在中国有影响的文艺刊物上发表过多篇小说作品,并获得过一些奖项。

这里有个姑娘叫小芳

星期天下午一点钟,我们几个被派到乡镇扶贫的哥们姐们相约在星期天酒吧喝茶聊天。人是闲着的,可微信却忙忙碌碌。

小米在微信上发了一条朋友圈:可能是扶贫工作舍不得小芳吧,所以最近我们总是在加班!

一个同事马上发了一条评论:如何改变这种不断加班的状况呢?

小芳跟着回复:好好珍惜和你们加班的日子……

正专心致志看着手机的杨林说,哎!小米、小芳他们还在加班哦!

梅姐说,这太正常了,加班是他们的常规工作,不加班就不正常了,不加班他们还真不知道干什么呢?他们都差不多与世隔绝了。

何毅说,他们也太辛苦了,特别是那个小芳,还不是正式员工呢,但她做事情比正式员工还正式,没见她喊过一声累,平时她总是乐呵呵的,一边做事一边哼着小曲子,每次去她办公室,总能听到她的说笑声,感觉到她就像一只快乐的小鸟,大家都很喜欢她。

前年十月,小芳应聘到镇扶贫工作站做信息员。这个工作是多么的辛苦劳累,可小芳一干就是两年。原本想有个相对稳定的,每天上班下班的临时工作后借机考个公职,可没想到,由于工作忙,去年的几次公职人员招考都没能考上,连面试都没能入围。但是,她仍然是快快乐乐地做她应该做的事情。

今年的公职人员招考，她考得很好，以该职位笔试第一名的成绩入围面试。

小芳你不去参加面试培训吗？还是参加培训稳妥些。大家都这么劝她。

现在实在是太忙了，等过一段时间工作稍微松一点再去。

小米说，小芳伶牙俐嘴的，笔试又是第一名，面试应该不用担心的！

面试过后第二天上班，见到小芳，她一脸平静，默默的做事。她坐在电脑前，两只手麻利地敲打着键盘，把信息资料录入电脑。她不说话，也没有了说笑声。

我们都以为她在忙。有人关心地问她，面试情况怎么样？

没考过。小芳的回答简短,平静，语气里略带有一点遗憾。

后来，小米告诉我们，她临近面试的前一个星期去参加培训了，全封闭训练，四天四晚，面试得分也蛮高了，80分哦！可没想到笔试的第二名逆袭成功，总分超过小芳0.3分。多可惜啊！

下午去扶贫站交材料的时候，梅姐对小芳说，这次没考上，下次多加把劲，反正你还年轻，别气馁，吉人自有天相，你那么勤奋，上天不会辜负你的！

日子在人们的忙碌中不知不觉过去了，时间也冲淡了小芳心中的遗憾。这次面试没考过，小芳心里有遗憾，但她并不以为这是一次失败。她一如既往。不久，欢声笑语又回到了扶贫工作站。每天上班，下班，加班，虽然还是忙，虽然辛苦劳累，但却很充实。

"哎！你们注意到小芳的回复了吗？她说'好好珍惜和你们加班的日子……'，是不是她不干了？她要离开我们了？"何毅突然一惊一乍地叫起来。

杨林说，有这个可能。扶贫工作确实太辛苦了。小芳又那么老实，老实做事的人总是最辛苦的。这次公考没考上，也许她要辞职回去认真复习，准备下次再考吧！

何毅说，要是我，早就辞职不干了。

这时，我的心里有一种说不出的滋味。小芳啊小芳，你真的要离开我们吗？

你要去哪里呢？为什么不早告诉我们一声呢？你真舍得离我们而去吗？

"唉！小芳的这句话真是太让人伤感了……"梅姐这么一说，大家都不再言语，一种离愁别绪笼罩在茶室里的每一个人心中。

星期一上午，我们到扶贫站去取一些材料。刚进门，小芳走出来，匆匆忙忙的，好像有什么急事。她的脸上洋溢着笑意，脑后的马尾左右飘拂，走路的步子轻快，整个人充满了青春活力。见到我们，她笑嘻嘻地说：周姐，告诉你个好消息，这次公考我考上了，我报考的单位领导今天来考察……

"哦？考上了？祝贺你呀！"

我很惊讶。不是说面试没考上吗？

听到这个消息，大家都感到惊讶！梅姐说，我都说了，吉人自有天相嘛，功夫不负有心人的！上天是不会让她失望的！

还是小米给我们揭开了秘密：原来逆袭上去的那个考生体检不合格，

小芳就相应的递补上去了。

奇 迹

听说甘有福病得很重。

这让扶贫工作队有点为难。入户评估精准识别刚到他家，却说他病得快不行了，评估计分还要不要把他计算在内呢？

甘有福这病，怪。他四肢瘫软无力，只能瘫睡在床或者坐在轮椅上。他曾经让老婆带去看过不少医生，土医生洋医生都看，包括大城市大医院里的医生，都查不出他得的是什么病。

那年那天，中午，太阳光猛烈。甘有福在甘蔗地里喷洒农药。喷着喷着，两眼一黑，倒在了甘蔗地里。幸好附近正在干活的村民发现了，及时送到镇卫生院抢救。命是保住了，却从此站不起来，手拿东西时老发抖，没有一点力气。治这病，把家给掏空了，只剩下四面破墙一面瓦，还担了一身的债。

因这病，老婆跟人家跑了，撇下六岁的女儿和两岁的儿子。已经六十多岁的老父母一下子又重新变成了主要劳动力，虽然劳动效率大不如从前，但也不得不努力撑起这个家。

甘有福成了贫困户。

驻贫困村党组织第一书记周左州把甘有福一家列为重点帮扶对象。周左州亲自做甘有福家的帮扶联系人。

破旧低矮的砖瓦房，墙体开裂，雨天漏雨，旱天漏风。甘有福一家就住在里面。

东南角的一间房子里，一张床，一把轮椅放在床前。没有家具，房子倒显得宽敞一些。唯一的最高档的家具家电是堂屋正中的八仙桌上的一台老式的21吋旧彩电，经常是有人有景没有声音或者有声无色，有时干脆就不声不响趴在八仙桌上。

周左州很纠心。

七亩多的旱地，全部种甘蔗。缺劳力，缺肥料，甘蔗就缺少

长高长大的理由。女儿刚上高中，儿子还在读小学，都需要钱。

周书记坐在床前，告诉甘有福说："政府派我们来做扶贫工作的，以后，我就是你的帮扶联系人，你有什么事情碰到难处了就跟我说，我想办法帮你。"

躺在床上的甘有福有气无力的说："以前也有扶贫工作队来扶贫呀，工作队久不久也来一次，有时给几包化肥，有时给几十只小鸡来养。可到现在，我们也没有什么变化。"

"这次跟以前不同了，这次叫精准扶贫，无论如何我们一定帮助你家脱贫。"

甘有福将信将疑。

"看我这病，我已经不能下地干活了，爸妈两个老人也干不了多少活，我还能脱贫吗？我拿什么来脱贫？难啰！"

"能的。你自己要有信心，政府绝不会让一个贫困户不脱贫的。你不用担心，我们会有办法的。"周书记连忙安慰他，鼓励他。

周书记趁机向甘有福宣传有关扶贫惠民政策。

一个月后，周左州帮助甘有福办理了扶贫贴息小额贷款。

秋季学期开学后，在周书记的帮助协调下，高中学校免收甘有福女儿的学杂费，还在读小学六年级的儿子得到扶贫助学补贴一千五百元。

周左州又鼓动他家进行危房改造，还帮他申请危房改造补助资金。

但是，甘有福不同意拆旧房建新房。把旧房拆了，一家老小去哪住？其实，根本的问题还是没有钱。

于是，爱心企业联盟的人来了，捐助了三万多块钱。

不久，工程队来了，混凝土搅拌机轰隆隆响起来了，……

同时周左州又和中医院康复科的医生联系，实行一对一的健康帮扶，让中医

医生给甘有福做针灸、按摩等康复治疗。

　　大半年来,周左州成了甘有福家的最常客。

　　新年将要来到，时序也已经是隆冬，但天气并不太寒冷，是个暖冬。太阳缓缓升上高空，暖暖的阳光普照大地。这天，甘有福正坐在轮椅上，在刚建好的新房前静静的晒太阳。十点多钟，周左州和村支书出现在甘有福的眼前。

　　"报喜了！今天村支书给你送喜来了，你的危房改造补贴资金到账了，三万三。"

　　周左州说着。村支书递上银行存折。

　　甘有福连忙站了起来，伸出两手，接住存折，并拉过村支书的手，紧紧握住："谢谢！太谢谢你们了！"村支书说："你应该谢谢周书记，是他帮你操办这些事情的"。

　　甘有福转过身来，两手紧握着周书记的手："谢谢！谢谢！真是太谢谢您了！"

　　甘有福激动得不知该说什么好，一个劲儿的说着谢谢，眼泪止不住流了下来。

　　这时，周左州和村支书同时发现，甘有福居然能站起来了。两个人非常惊讶,告诉甘有福："哎呀！你看看，你能站起来了呀！"

　　甘有福这才发现自己能站起来了，两只手也有点力气了。

作者简介:尹立庆,笔名刘珂矣,男。生于1980年。祖籍中国山东省东阿县。作家。擅长散文和短篇小说。在中国刊物杂志上发表了多篇文学作品,并获得过文学奖项。代表作有短篇小说《那场婚恋》《沉重的翅膀》《爱情还有多远》《战火燃烧的岁月》等。

傻爷

傻爷是我经常想念的一个人。

春节放假时,我刚下车走进村口,忽然眼前发生了令我不敢相信的一幕。原来村里的一群熊孩子跟在一个脏兮邋遢的老人身后,他们蹦跳着,唱起耍笑的顺口溜:"大傻爷,人又老,穿得邋邋遢遢,天天流哈拉……咯咯……"

熊孩子们的耍笑声中,我不仅一阵酸楚:"他们又在欺负人。他到底是谁?"我紧跟上前,偶然发现是傻爷。傻爷面对我,眼神里充满了诧异和凄凉。我见傻爷和原来不一样了,他目光呆滞,浑浊,精神崩溃,已经完全看不到他年轻时候的光环了。岁月的伤痕,无情的让他削瘦,蜡黄,皮肤黝,皱褶深刻,浓黑的眼眉是微微下陷的眼窝。他微眯上眼,上颊严重凹陷,一双失神的眼眸,透过布满深纹的脸,已是饱经风霜。嘴还有毛病,有时流着哈啦。两腮胡子拉碴,老手皱纹斑斑像树皮。他浑身没肉,瘦得像只鱼鹰一样。身穿着浅蓝色的棉袄棉裤,大得松松垮垮,脚下的布鞋还破了个洞,邋遢的形象让傻爷像街上的叫花子。

对于傻爷,我大部分的记忆,是在我的童年。那时,傻爷还很年轻。儿时的我感觉他那么高大威猛,憨厚亲切。他总是一个人独自生活,现在的话叫单身。傻爷还会点编织活儿,村里多数人都愿意买他编的东西。听妈妈说,他有时还讨不到工钱。他们买了他编的东西后，总是说，过完年再给。谁知，过完年事情就发生了变化，大家没把全部工钱给傻爷，只给他一少部分。望着生活贫穷的大家，他无语了！

善良，拾金不昧还让傻爷有一段伤心的经历。

那一次，他骑车去赶大集，远远发现前面有个红皮包落在地上。他好奇心很重，急忙蹬着三轮车赶到近前，原来发现是个精致的女士钱包。他匆匆地捡起钱包，发现包里钱鼓鼓的，他无奈地拿着钱包一阵为难，只能急切地待着，等失主来认领。傻爷等了好一会儿之后，一个三十岁的女人气喘吁吁地跑来。她见傻爷呆呆地蹲在路旁，手里拿着红色钱包，她这才放心了。于是，女人向傻爷说明丢包的原因，善良的傻爷想都没想，痛快的把钱包给了那个女人。傻爷心里想的是，尽快物归原主，自己就可以早早离开，去赶集。

谁知傻爷把事情想得太简单了，女人拿着手里的钱包，先是向傻爷说道谢的话。看着憨厚急着离开的傻爷，女人瞥了他一眼，然后看看钱包，顿时，她的笑容戛然而止。不知怎么的，她奇怪地拉开钱包拉链，匆匆看着包的钱。这时傻爷已经骑上车，要离开，女人却喊着："大爷，你先别走。我看看包里的钱，这是我刚从银行取出来的钱。"为了证明清白，傻爷立刻折回身子说："好！为让你放心，你看看包里钱少了没？"

有时候善良很容易被贪婪打败。那女人是个爱贪图便宜的小人，她不想轻易放走时运不济的傻爷。

女人翻着狐媚眼，拿着钱包，就随意地对傻爷大声说："唉！大爷，你先别着急走，这钱数不对。"

"啥？钱数不对，姑娘。"傻爷被女人的叫喊，搞懵了。

傻爷没想到自己好心反而遭到了女人的反诬，成了坏事，不知道如何是好。

"呶！"她把钱包举在傻爷眼前，又说："你看看包里的钱？原来一千多呢，现在八百块钱了。少了二百呢。"

"我……我真的没动钱包，一直守着呢，你这不是诬赖我吗？"傻爷望着女人急得满头大汗，一脸无奈的苦相。

女人仍是不依不饶，板着脸瞅着傻爷："好了，你就别装了！这里只有你一个人在，钱包又在你手里。可是没第二个人出现呀！你说没动拿钱，难道它飞了？"

傻爷急得要哭，他从不做亏心事，更没贪图别人的钱财。

傻爷非常后悔，他后悔捡了钱包，看到地上的钱包应该视而不见。女人拿着钱包，无止无休的赖着傻爷，要傻爷赔她那本来没有的

二百元钱。傻爷似乎从来没有想过，人世间还会有这么残酷的事情发生在自己身上。

现实版的农夫和蛇让傻爷百口难辩。傻爷最后搜干净了身上所有值钱的东西，给了那女人。

从此以后，傻爷变得精神恍惚，喜怒无常，一个憨厚亲切的人就这样成了傻爷。

作者简介:任姗姗,女。笔名羽姗。籍贯中国江苏省徐州市。中国法律工作者。文学爱好青年,醉心于小说创作。

城中村的爱情故事

我就是一个三线城市小工人。我有个对象,是修电脑的,叫托托。我和托托相依为命,在这个城市热情而又沉默的生活着,像大多数人一样。虽然我有点小小的虚荣心,像莫泊桑《项链》中的女主,但是好在我的托托能够容忍我的缺点。

他会偷偷把钱存起来,有一天买了一个硕大的金戒指给我,就是那种光秃秃的金圈圈,显得很厚重。不过我轻轻一捏就知道这个戒指不是实心的,我不敢使劲,亦装作不知道。我知道托托的工资,为了买这个金圈戒指,托托肯定花费了好多心思。

怪不得最近都闻不到他身上的烟味了,我猜他是偷偷把烟钱省下来给我买了这个金戒指。哦,我的托托,我什么也说不出来,只是笑着抱住了他。我紧紧搂着他的脖子,眼泪却悄悄滑下,我不动声色的擦了,娇嗔的怪道买那么贵的干嘛?

托托憨憨一笑:"你喜欢嘛。跟着我,其实也受苦了。别的我也买不了什么。"我赶紧捂住了他的嘴:"好啦好啦,说什么伤感的东西啊。我们今晚去我妈家,我姐他们一家在呢,我要好好炫耀一下,嘿嘿。"

晚上。饭桌上。我有意无意地亮出我的金戒指。姐姐夸张地说道,"哎呀,你们发财啦!好大的戒指啊!"我微微笑着,享受着姐姐的赞许。

姐夫开口了:"小妹啊,现在不流行这个啦。土的嘞!你让托托买个手表带带。诺，我这刚买的。绿水鬼。绿水鬼知道吧？顶你们家一套房子呢。"

托托局促地夹着菜。我不服气的说："那是！姐夫，你家大业大。我们小老百姓那里比的起哦！"姐夫听出我话里的不高兴，姐姐又向姐夫使了个眼色。姐夫连忙哈哈大笑，掩饰道："吃菜吃菜！就是妈做的这个薄荷鸡蛋，不好吃嘞！一股子味道哦。我买的那个大闸蟹做上嘞。"

夜晚回家。我坐在托托自行车的后面。静谧的夜里，只听见自行车嘎吱嘎吱的响声。一拐弯，城市漆黑的夜便显露出来，点点亮光离我们越来越远。

我打破了沉默："托托，今晚不高兴了吧。我姐夫那人嘴贱的很！人倒是不坏的。"

"我知道。"托托低沉的说："上次借咱们三万让我买零件的钱，姐夫还私下里说不用我还的。姐夫是个好人。"

许久，我听到自己的嘴里木然的冒出一句："会好起来的。"

"是的，会好起来。都怪我，把人家的电脑资料给删了，才把咱家的钱都赔光了。"我赶紧打住他的话头："不怪你的，怪那个德国佬！资料有用不说一声，修电脑修没了才说是独一份。"

"怪我啊！我不懂德语，还想接那个活。"

"那德国佬也有问题，为什么不提前说清楚。"我不服气的絮叨着。

"其实……"托托打断了我的话："你跟着我受苦了！"

"又来了。你还给我买金戒指呢！"我赶忙截住他的话头，紧紧的抱住了他的腰。

他的腰粗壮有力，暖暖的温度传到我的身体，我的心里变的踏实起来。

"你冷吗？"托托回头，接着左脚沾地停下车。把身上的外套脱下来给我披上。外套还是几年前买的，托托却穿的很仔细，胸口地方硬硬的，我知道那是衣服破了，我给他缝的。我的手工并不好，只是用一块硬布头从里面歪歪斜斜的缝起来，才会这么硌着不舒服。我说给托托再买一件。他却总是说，男人嘛，有件衣服穿穿就好啦！

　　我轻轻闻着衣服上淡淡的汗味，有点心酸又有点感动。托托使劲蹬着自行车，我晓得他身上的内裤，也有三个补丁，缝了又缝。我都没想过，托托会不会觉得硌，有没有硌的慌。他总是这样，我让他穿什么他就穿什么，从来不抱怨，不讲究。他说要把钱省下来，将来用钱的地方多着咧。可是这么抠门的托托却给我买了一个金戒指。

　　小小的戒指摩擦着我的手指，像一只小手勾着我的心，痒痒的。这个城市很大，属于我们的地方很小。就在这小小的地方，却生活着我和托托。我们很用心地攒下每一分钱，很认真地在城市里努力生活。未来，会好的。

　　我又紧紧搂着托托

　　"怎么？还冷吗？"托托问。

　　我摇了摇头，把脸使劲埋在他的后背，贪婪的吸着他身上的味道。

　　"一身的汗味。"

　　"谁说的，这是男人味。"我噗呲一声笑了起来。"妈上次给我的薄荷叶今天白天我看了，发了一大片。你捡回来的泡沫箱子不够用了，赶明多捡几个。我其实都没吃饱，快点骑，咱们回家，我做你最爱吃的薄荷炒鸡蛋。"

　　"嗯！"

　　托托闷声回答。我却能听出他语调中的高兴。我心里也有说不清楚的高兴。继续絮叨着："我的小葱也长大了。还有辣椒。这样，咱们又能省下一笔钱。"

　　"嗯！"

　　黑黑的夜，被我们抛在身后。转了个弯，前面一下子敞亮起来。点点亮光，万家灯火，是我们的城中村！不，是我们最最温暖的家……

作者简介:李琳,男。籍贯中国山西省大宁县,现居中国山西省太原市。酷爱健身。中国山西医科大学教授、博士。退休后写作。著有长篇家族史传记长篇小说《李家百年》。

一个人的健身房

三千平米的健身房大厅临双塔西街靠窗一侧,十几台跑步机约一半正在转动着。跑步机上的男男女女以各自喜欢的速度,享受着跑步的愉悦。肌肉训练区几乎是男性的天下,几个身体硕壮的年轻人,较劲地比着谁举的重量大。舞蹈厅和瑜伽厅几乎是女性的天下,窈窕淑女正随着音乐,跟着教练的舞步款款起舞。瑜伽厅里一个个按照教练的要求尽力地拉伸着身体,听着教练5,4,3,2,1的数,咬着牙坚持着。

李鑫完成了10公里的任务,从跑步机上下来走到饮水区,接满水,大口地灌着茶水。

"李教授,我们经理请您去一下。"身材直挺,身披齐肩长发的年轻姑娘款款走来,轻轻地说。

"好。"李鑫灌下一口水,顿了顿,深吸一口气回答道。

"杨总好,李总好。"几乎在门开的同时,李鑫爽朗的声音就回荡在办公室的空气中。

办公室的杨秀萍和李雪妍同时站起来。

"李老师请坐。"杨秀萍客气地让座。

李鑫坐在李雪妍向前推过来的椅子上,用几乎已经湿透的毛巾擦着额头又渗出的汗珠。

"李老师,请您理解一下,我们店刚刚整顿,与总公司脱钩了,财务也独立运营,我想您原来买的终身健身卡也变一变,优惠重新购买好不好?"

"不好！不接受。不同意！你们重新整顿，重新承包可以。但以前签订的合同也应一起承接，就像这健身房里的跑步机，你们承接了健身器材，以前签订的合同也应一并承接。"李鑫回答得很干脆。

"要不我们结算一次，你当年买卡的一万五全部如数退还。"李雪妍接着道。

李鑫的大脑快速运转着，十二年前的一幕又浮现在眼前......

"我买个长期卡，你能优惠多少？"决定长期健身的李鑫与杨秀萍探讨着各种可能性。

"我们最长买过3年卡，时间更长的还没有考虑过。"

"那如果我想买5年，10年或更长的卡怎么优惠？"

"如果这样，你可以直接与我们荣总谈。"

坐落在公园一隅的1950酒吧，灯光昏暗，并不宽敞。但座无虚席，在靠近公园的落地窗前的餐桌旁，李鑫和荣总面对面坐着，各自的盘子里有一块牛排。

"很高兴与你相谈，再喝一口。"李鑫举着红酒杯笑眯眯地对荣总说。

"我也很高兴与你共享这丰盛的西餐。你的任何想法都可以提出来。我们健身房也成立不久，也很需要像你这样坚持好的客户，增加人气。"荣总身着咖色上衣，胸前一个大大的"R"很是显眼，笑起来长长的眼型像柳叶，眼角微微上扬，眼睛自带喜气。

"荣总，现在店里销售的一年卡是2300，三年卡的年均是1800，如果我买更长时间的卡，长长的卡，年均应该更低，更低吧。"

"如果你买长时间的卡，买到60岁，60岁以后我送你。"荣总想了想说道。

"我今年52岁。到60岁还有8年，您看？"李鑫望着荣总清秀的面庞，想着荣总会给出怎样的答复。

"一万五，怎么样？"

"一万五，一年超过一千五了，可是如果真的60岁以后还可以长期用当然值。"李鑫心理计算着"好，成交，再喝一口，庆祝一下。"李鑫兴奋了。

"实际上，这笔买卖我们都有风险。如果健身房能一直开着，我也能坚持到

80岁，90岁。当然是我赚了。但是我赌的是健身房不倒闭，一直开着，同时我也能坚持下去。对你来说赌的是，我坚持不了多久。当然，从商业考虑先收回钱，用收回的钱去发展，也是一个思路，如果健身房的利润超过10%，我先交进去一万五，每年利息就是一千五，也合算。"李鑫呷了一口红酒，慢慢地说着。

"我们健身房现在就需要人气，像你这样能坚持天天来，来了也能认真练的，我们还真欢迎。"荣总小口品尝着牛排，腰背挺拔的坐姿。朦胧的灯光下黑黝黝的一袭长发中白净的面庞在李鑫眼里仿佛是幅美女画像。

"我加你微信，随后财务会将一万五如数退回。"李雪妍又重复了一句。

李鑫的思绪回到现实中。李鑫的脑海里浮现出两个与个人签订合同后公司吃亏但不得不继续吃亏的事例。一个是1987年美国银行家史蒂夫以二十万美元购买了某航空公司的无限次机票，此后史蒂夫频繁地乘坐飞机，二十年时间里共消费两千万美金。另一个是，英国一位百岁老夫人仍然每月都继续按合同领取着房屋抵押的养老金，尽管她已经领取的金钱远远超过房屋本身的价值。而保险公司仍不得不继续为这位寿命远远超过预期的老人付费。

李鑫想把这两个故事讲给这两位健身房的负责人听。脑子里又奔出一个想法："拿到一万五，在家建个一个人的健身房未尝不更好。"

李鑫的大脑中一个接一个的想法涌现着："我当然可以不同意，通过法院，得到健身房必须承接上一任的合同的结果应该有把握。可谁愿意找那麻烦？如果真这样，维持现状，指不定健身房还会找什么麻烦。上次海滨临时负责时就曾经因为我年龄大举重量过大为由要退一万五。如果以后再找麻烦就麻烦了"。思绪又回到建立一个人的健身房。"上周刚刚买了超大面积的复式住房，何不就此自建健身房？一万五买个跑步机，再买个推胸举重架子，家里已经有腹肌轮和拉后背用的健身自行车了。这就足够健身用了，在家健身更方便，这似乎是'瞌睡给了个枕头'。与家庭健身房相比，公共健身房的优点也不过是，对自律性差的人而言，健身房的环境和教练的催促很重要。我本身健身自律性非常强，完全不需要'健身环境'，绝大多数人居住条件不容许建立'一个人的健身房'，而我恰好有此条件。不过就此要是去最喜欢的'民族舞蹈课'了，可这并不影响健身效果。"想到此，李鑫没有再坚持什么，只是转身离去。

还未走出门，李鑫转身笑着对两位经理说："我忘了，今天有我喜欢的民族舞蹈，跳完舞我再走，明天就不来了。"

"好！好！好！当然，当然可以。知道你喜欢民族舞蹈，去上你的舞蹈课吧。"李雪妍也笑着回答。

《蓝色的蒙古草原》音乐回荡在舞蹈大厅。李鑫爽朗的声音随着音乐回荡在健身房里："民族舞蹈马上开课，欢迎诸位来享受音乐，享受舞蹈。"

蔡红菱身后跟着一位肉墩墩的小伙子。"这有啥意思？我又不会，非拉着我干嘛？"肉墩墩噘着嘴嘟嘟囔囔着。

蔡红菱扭头白了肉墩墩一眼，继续走向舞蹈大厅，冲着李鑫道："就你嗓门大，不过你这一嗓子，可能今天上舞蹈课的人又能多几个。"

"经常跳舞的人身材就是不一样。与力量训练专项训练某一块肌肉不同，舞蹈刺激的是全身的肌肉，对整体塑型作用明显。"看着身材匀称的蔡红菱，李鑫回答道。

在老师的带领下，学员们一曲接一曲地跳着。李鑫一边跳一边随着音乐唱着，边唱边舞沉浸在音乐舞蹈世界里。

肉墩墩笨拙地舞动着，似乎想尽量更上舞步，可气喘吁吁笨拙的身体，不着边际的动作很是滑稽，自己也觉得无趣，只得讪讪地站在那里看着别人在舞，然后撇着嘴快快地走出大厅，隔着玻璃看舞兴正浓的蔡红菱。

交谊舞的音乐响起，学员们两两一对随着音乐跳起来。李鑫与蔡红菱随着音乐翩翩起舞着。肉墩墩冲了进来，硬是扯着蔡红菱要离开。蔡红菱没好气地甩开肉墩墩。恰好交谊舞音乐停止，又一曲舒缓的音乐响起，老师带着大家做拉伸，肉墩墩在蔡红菱身后呆呆地站着，蔡红菱做了一半拉伸，没好气地拿起放在地板上的水杯，快速离去，肉墩墩小跑步跟在后面。

第二天刚过9点，李鑫就急不可待地更衣，下楼，发动汽车，要赶在9点半体育商城开门营业时就去购置跑步机。

一进大门，一排排跑步机就显现在眼前。留着小平头的年轻服务员热情地介绍着各种型号的跑步机。李鑫在标记着AEON-Ai62型号的跑步机前停住脚步。

"这是一台商家两用跑步机，有些健身房都用这款机子。"看见李鑫对这款机子感兴趣，年轻服务员忙不迭地介绍着。"

"可以试一试吗？"李鑫说着已经站在机子上。

"当然。"服务员打开开关。

李鑫压着速度键不放，跑步机速度一直提升，直至最大速度21/小时。李鑫在跑步机上狂奔着，双脚重重落在跑步机上的声响引来一对逛商场年轻人的关注，年轻女士惊得双目圆睁。

跑步机显示80米，李鑫大口喘着粗气关停了跑步机。

"就这台吧，最低价多少？"李鑫的呼吸渐渐平复，转身问售货员。

"这款机子刚开始原价一万九，活动价一万六。现在疫情买卖不好做，降到一万三了。你要要这台样机，最低九千九，但我要说清楚，这里有些划痕。"售货的年轻人指着跑步机边上几道划痕说道。

"成交，自己用，几道划痕不算什么。这款推胸器连同100公斤杠铃片，整体打个折扣，我一起买了。"李鑫转过身指着推胸器道。

年轻人手指在计算器上摁压着："最低一万五。"

"成交。"

"一万五，如此巧合，刚刚收到健身房转来的一万五，这里也恰好是一万五。不迟不早，刚刚买了大面积新房，健身房就提出退一万五，是巧合？还是命运？"李鑫感到这个巧合似乎是事先非人所能的安排。

新房，房间里堆满沙子水泥。年轻售货员和两个工人，在还不放置着沙子水泥的阳台上安装着跑步机。

"这推胸器还真占地方。"李鑫提着20公斤重的杠铃杆满屋子比划着找合适地方放。

"杠铃杆长两米四长凳倒不占地方，至少要又一个两米四乘一米八的空间。"年轻售货员擦擦额头汗珠，抬起头回答道。

"先放在厅里，厅里铺地面时再挪到房间里，就这样挪着用吧。"李鑫像是与年轻人对话，也像是自言自语。

"一切都好，就是不知道跑步时灰尘大不大。"一个工人好奇地说道。

"我想，一般在工人下班后再跑，试着看吧，尽量避开有灰尘的时间，不过跑步机离窗户近，通风，可降低灰尘的伤害。我想必要时拉个帘子，也能挡灰尘。"李鑫一边思考着如何在这正施工的房间里运动，一边不由地说出口来。

李鑫提着菜从菜市场出来，迎面碰到蔡红菱。

"李老师，好久不见，你怎么突然就不来健身房了。每到上课大家都奇怪从来不缺课的李老师怎么突然不见了。"蔡红菱惊奇地问。

"健身房认为当年给我办的终身卡吃亏了，毁约。退了我全款，我正好装修新房，就用退的一万五买了一台跑步机和一台推胸器。原来家里就有健身自行车，我用来拉背，有腹肌轮，这样除了民族舞蹈课，我的健身项目可以保持不变。自从开始在家健身，最高兴的数我的太太，我整天在家，跑完步喘口气的时间能煮上稀饭，再拉背，两组休息期间能准备好菜。原来我去健身房稍微回来晚点，太太下班再赶着做饭，晚饭就很晚了，现在倒好，每天都能准点开饭。"

"可惜了，你民族舞蹈是从不缺课的优秀学员，突然停下来，习惯吗？"

"习惯，跑步，拉肌肉已经达到健身目的了。舞蹈主要是兴趣，不过在家健身能腾出许多时间，有时候弹弹琴，有时候写几个字。也很好。怎么样，到我家看看我的健身房。"

新装修的房间宽敞明亮，书房阳台上放着跑步机，推胸器和健身自行车占了书房一大半，写字台反倒被挤在一边，推胸器下卷起的瑜伽垫上黄色的腹肌轮特别明显。

"这台跑步机不错。"蔡红菱当然是懂行的。

"还行，我跑的速度快，家用小跑步机不能满足我。这台可以，跑起来与健身房的感觉一样，最高速度能到小时21公里，健身房的机子才能到20公里。"

"每天还是10公里？"

"对，每天10公里，不过加了3的坡度，也算是又提升运动强度了。"

"这健身自行车没有用呀！"

"我用来拉背，替代健身房拉背的架子，效果一样的。"

"这怎么练腰背肌肉？"蔡红菱不解地问道。

"双手背过来举，用的是腰背力量，当然练的就是腰背肌肉。"

"20，10，5，5，一面这是40公斤，全部片80公斤，杆20公斤，你着卧推是100公斤呀。"

"每天100公斤，30个两组。"

"那可得小心呀，你没有看到最近的报道，河南一个健身房里一个小伙子，还曾经做过教练，卧推120公斤被杠铃压死。"

"那倒是，一小点失误就可能造成很危险的后果。不过在健身房一般教练看见有人做卧推，重量一大，就去保护。可这小伙子出事的时候就他一个人。我在家也是一个人做，但也很注意自我保护的。估计那个小伙子做的规范，杠铃要放得很低然后在推起来，这难度很大，这么大重量，上推的时候手腕，臂肌，胸肌有一丁点不到位就可能起不来，120公斤压下来，没有人能承受。不过我这卧推100公斤动作不规范，比人家差远了。我根本就下不了那么低，只能小范围移动，容易多了。而且我只是在这架子上方举，落下来也在架子上，很安全。"李鑫指着卧推架说道。

一边说着，李鑫一边带上护腕手套，再用蓝色宽布条绑在外面。

"我来帮你。"看着李鑫用牙咬着布条的一头试图绑紧布条蔡红菱笑着道："为什么还要再绑一道？"

"护腕手套旧了，仅靠粘力绑不紧，一用力就蹦开了，实际上举的重量过大时，手腕是很吃力的，绑紧了，才能用上力。"李鑫看着离自己很近的蔡红菱。蔡红菱绑好一抬头恰好遇到李鑫的目光，在这不到1米距离间四目相对双方都能感到强烈的震撼，蔡红菱顿时脸色绯红，李鑫也面色尴尬，蔡红菱慌忙退后两步声音也有些紧张："举吧，看看你的能耐。"

李鑫躺在长凳上，双臂、胸肌、手腕一起发力，100公斤的杠铃慢慢被举起。

看着李鑫的胸肌暴起，蔡红菱说道："效果真好，一用劲看着胸大肌就暴起来了。"

李鑫起身喘着气："虽然做的不规范，但也能达到牵拉胸肌、臂肌效果。咱又不是专业人员，只要保持体形，胸腹肌慢慢增大点就行了。"

"真好，真是一个人的健身房，令人羡慕，你的自律令人羡慕，你新建的这一个人的健身房令人羡慕。"蔡红菱由衷地赞道。

"请坐，请品茶。"李鑫倒了杯茶水，递给蔡红菱。

"看看你这腹肌，胸肌，真是好。你的健身效果是我在多个健身房见过的效果最明显的。"蔡红菱呷了口茶道。

"没有量的健身效果肯定不行。健身房多数人量不够，饮食控制也不够。"一说到健身李鑫就不由地打开话了匣子。

"我是遗传的慢性病体质，牙口甭好，吃饭甭香，我体重曾到过95公斤，我26岁就房颤住院，31岁椎间盘膨出，脂肪肝从轻度到中度，到重度，曾因为高血脂不得不用药物降脂。你看现在，全部都逆转了。所以我是因健身受益的，这也是自律的动力。"

送走蔡红菱，李鑫坐在书房转椅上陷入沉思。

"我这一生'巧合'太多了，凡是人生的重要转折，总会有'巧合'，常常是'巧合'超出预期，超出计划，却更有利于发展，常常是'山穷水尽疑无路，柳暗花明又一村。'这次建立'一个人的健身房'至少有两个巧合：一个是恰好在刚刚有了新房的时间点，被要求退回一万五，另一个是买跑步机和推胸器的钱恰好是一万五。"李鑫想起一个和尚师傅对出家人有预测能力的解释："人生如同河流，在水流中难免会有险滩暗礁，我们只是能看到一个人未来的险滩暗礁，指导人如何避过这些险滩暗礁。"李鑫自然不会轻信和尚师傅，但所经历的人生使得李鑫不得不相信，每个人的人生是命里注定的，似乎命运的跌宕起伏，福至祸去，抑或祸不单行，或好运连连都是命里注定的，恰如这次建立一个人的健身房是被逼，但结果比事件发生前更好，或者说达到了原本没敢想的结果。

作者简介:刘庆林,男。笔名默雨言秋。祖籍中国山东省聊城市。爱好文学写作,于2018年退休后开始创作。在中国各种文学刊物上发表了各种题材的短篇作品一百多篇,共计150余万字。长篇小说代表作有《岁月如歌》《并非两人世界》《鲁西烈火》等。

一束夜来香

娟子喜欢花儿,特别喜欢夜来香。娟子说:"夜来香是花中之王,它不把娇艳展现人们面前,却在夜里给人送来花香。"

娟子家有一个很大的院子,无论是墙角,过道,凡是空闲地方,娟子都种上夜来香。每到夜晚,采花蜂躲在叶下睡觉时,院里像放了一个香油缸,满院散发喷喷香味,银色月光映射来,娇艳多姿,美颜极致。

这时,娟子就会推着轮椅把娘推到花丛里,娟子摘一束夜来香,捧到娘跟前,让娘闻夜来香散发出的香味。看到这些,娘心喜的同时,少不了抱怨几句:"看,明年又少了几粒种子。"

听到娘抱怨,娟子总是笑笑说:"娘,花种很多,明年够种的。"

娘听了,瘦削的脸上挂出一丝满意的笑容。

其实,娟子喜欢夜来香,还是受到了娘的影响。

自从娟子娘嫁给娟子他爹,两口儿恩恩爱爱过日子,从没有因为琐事红过脸。娟子爹操持田里的事,娟子娘操持家务,小日子过的比香油都香,比蜂蜜都甜。娟子爹很勤劳,田里的活干不完不收工,经常披着满天星星回到家里。娟子娘理解娟子爹辛苦,为了给他营造一个舒适环境,想来想去想到了夜来香。夜来香太阳落山后开花,寓意欢迎夜归人到来,花儿散发的阵阵芳香,寓意生活甜蜜香浓。

后来,娟子出生了,渐渐长大了,懂事了,由于受娘的影响,娟子也爱上了夜来香。

正当一家人幸福生活的时候，天有不测风云，人有旦夕祸福，娟子爹在车祸中死了。

娘儿俩扒在娟子爹身上哭成了泪人，看看美满的家庭一夜之间如此悲惨，村里的几个媳妇也掉泪了。

发送娟子爹这天，娟子娘薅了一束夜来香放在娟子爹棺材上。艳丽的夜来香，散发着馥郁芳香，伴着娟子爹走了。

为怀念娟子爹，娟子娘把院子里种植的玉米，菜蔬都刨掉了，全部种上夜来香。每到夏末秋初时节，满院开满红的，白的，黄的夜来香，馥郁浓香的味道弥漫整个院子。娟子娘站立在夜来香丛中，默默思念娟子他爹。

娟子看在眼里，记在心上，她理解娘的心情。每当此时，娟子心里翻腾着一种异样的感觉。

这样默默过了一年。

一个阴雨天里，娟子娘感觉肚子难受，光想吐。娟子带娘到医院检查后，医生说："娟子娘患了胃癌晚期。"

犹如晴天霹雳，天大的事娟子也不能和娘说啊！娟子没把医生的话告诉娘。

娘不放心，问娟子："医生说啥？"

娟子怕娘知道了担心，笑笑说："医生说是一般胃病，慢慢就好了。"

娘不相信，说："你别瞒我了，我都知道了，患的是胃癌！"

娘儿两个抱头痛苦，哭成了泪人。

娟子看娘日渐消瘦，心疼娘，心疼又有啥办法呢！只能半夜蒙上被子偷偷流泪。

娘的病急剧恶化，不久就起不来床了，娟子日夜守护床前，一把屎一把尿伺候娘，为了让娘活动活动，娟子买了一辆轮椅，让娘躺在上边，推她到院子里走走。

娘喜欢看夜来香。

为了满足娘的愿望，娟子除了院子里全种上夜来香，还托人买来花盆，放在墙头上，窗台上，凡是院子里的空闲地方都种上了夜来香。

娟子娘来到院子里的时候，看着满院子火一样的夜来香，闻着扑鼻的香味，苍白瘦削的脸挂出微笑。

一天，娟子照例推着娘晒太阳，娘少气无力的说："娟子，来!咱娘儿俩说说话！"

娟子问娘："娘，你有啥事要说，娟子听着呢！"

娟子娘说："你都十六岁了，这个年纪，人家的孩子都上大学了，为了我耽误了学业，唉！......"娘哽咽了了。

"你若有个着落，我死了也能闭上眼啦！"

娟子听娘说这话，眼泪"唰"流出来，她怕娘看见伤心，赶紧转过脸抹干眼泪。

娟子说："娘，我的事你就别操心了，我有自己的注意。"

娟子娘说："啥注意？这些天你偷偷干啥，娘还没看见？"

娟子见娘问，不能隐瞒了，就把书本拿出来让娘看。

娟子娘拿过书本看了老半天，说："你爹在的时候，攒下几个钱，我没舍得花，留着给你交学费；两床被褥我都拆洗好了，上学时带上。"说罢，两行热泪滴到书本扉页上，又说："可惜我看不到你读大学这一天了！"

娟子见娘哭了，说："娘，你一定能看到，等我考上大学带你一块儿去！"

娟子娘笑了，说："傻孩子，哪里有带娘读大学的？"

娟子哄娘说："有，大学里还有老年班，到了那里，你上老年班，专门学习夜来香栽培技术，学好了，咱回来种植更多更多的夜来香。"

娟子娘听了，不禁流出两行热泪来。

娟子背过身又哭了。

转过夏天，娟子离开了家乡，他考上了一所大学。

来年七月份放暑假的时候，娟子特意捧来一束夜来香，默默放在娘的坟头上。

作者简介:武梦媛,女。笔名遇芫。中国青少年。籍贯中国河南省安阳市滑县。酷爱小说,也能创作好小说。有写好故事的天赋。

生命之花

又是初春,一年伊始,万物复苏。窗外海棠树又伸出了嫩绿的枝丫,在医院光线最好的一个病房住着的是一个年仅十四岁的一个少年。

祈生在这家医院住了很久,久到连这个科室的护士都记不太清这是祈生来的第几年。只是模糊的记得他是海棠盛放的时候来的,那之后就再未离开过。

"爸爸,今年春天,我总能回家的吧。"祈生坐在病床上,扭头看向窗外,盯着海棠树新长出来的嫩叶。

正坐在病床边削苹果的沈知珩忙放下手里的削皮刀,紧紧握着儿子冰凉而瘦削的手。声音低哑:"会的,一定会的。"

"爸爸你又骗我,窗外的海棠树都绿了六年了。"

祈生的脸上没有暴躁不安,有的只是如水般的平淡,像是听惯了父亲说的这句话。

事实也确实如此,海棠树绿了一年又一年,大雁来的一批又一批,父亲头上的青丝也一根又一根的被岁月染白。而这句"会的"从未实现,之前总闹着要回家祈生也开始歇了心思,只是常常盼望着某天可以出去看看外面的大千世界。

沈知珩听到这话突然别过头去,半晌才说:"真的,这次我绝不骗你。"

真的,爸爸说的也许是真的。他就是成了灰也不要呆在医院。

祈生暗暗在心里发誓。但他的眼睛依旧盯着窗外。

沈知珩看着儿子在心里不止的叹气。他自小活泼开朗的儿子竟是再也回不来了。

关于祈生的病情，他们心里都清楚，只是心照不宣罢了，想着能瞒祈生多久就瞒祈生多久。可沈知珩心里总有一个预感，祈生或许是知道自己的病情的。但这个想法未免太过荒谬，沈知珩几乎下意识地否认。

一个月前，祈生的病情突然有了好转之色——开始能自主进食，原来瘫痪的双腿能下地走走了。甚至祈生还要求看一些书籍，尽管这件事医生并不赞成，但沈知珩还是满足了儿子。

沈知珩大概能感觉到儿子的这种被医生称之为好转的表现，或许正是所谓的回光返照。

可这才是最让人痛心的啊！

尽管沈知珩早就做好了心理准备，但这是他一手养大的孩子啊！

"爸爸，明天可以把我小时候的相册带过来吗？"

沈知珩从身后抱住祈生，轻声应道："好。"

祈生也由着爸爸抱着，闭上眼不再去看窗外的海棠树和人来人往的行人。

下午祈生便看到了那本相册，他看着一张张有些陈旧的照片，心里说不上来是什么滋味，他只是觉得心口酸酸的，浑身上下都难受得紧。

这天过去没多久，祈生便永远的离开了这个世界，无声无息。正如一句话"生来即轻，还时亦净。"

沈知珩在给儿子收拾遗物时，在那本来不及收起来的相册里发现一封信。信上写道：

爸爸，我这短暂的一生能跟您生活在一起，我真的很幸福。纵使您在一开始就知道我绝不会是一个健康的孩子，您还是收养了我。我知道您是真的爱我，很爱很爱我。

您可以为我小小的伤心一会儿，但请很快的忘记我。您还有自己的生活，您的人生还很长，带着我的那一份好好的过下去，把人生过得很精彩很有意义。

您不要为我遗憾。我一直记得您说的话"生命并不是只有长久和一帆风顺。"

再见！下辈子，我还要做爸爸的孩子。

读完这封信，沈知珩已经泪流满面，他抱着相册，哽咽地吐出一个字"好"

恍惚间，沈知珩又记起了他刚见到祈生时的样子。那么瘦小的一只，就坐在小木马上，不哭也不闹。他一眼就看中了这个孩子收为养子。

谁都没有注意到，窗外的海棠花不知何时开了，红色的花开的热烈。一片花瓣飘飘摇摇的从窗子飞进来，落在祈生已经僵硬手上。

游记天下

YOUJITIANXIA

作者简介:孟秀梅,女。籍贯中国新疆。本科学历。爱好文学,笔耕不缀。擅长短篇小品文和散文写作。散文曾获得过中国国内的文学奖项。

最美喀拉峻

7月12日8:00,我们从特克斯民宿出发,向喀拉峻东线奔驰。

喀拉峻原生态大草原景区位于国家历史文化名城--八卦城东南56公里处,东西长89公里、南北宽32公里,总面积2848平方公里,海拔在2000-3600米之间,是西天山向伊犁河谷的过渡地带。这里降水丰富,气候凉爽,土质肥厚,十分适宜牧草的生长,生长有上百种优质牧草,并于2013年被正式列入联合国教科文组织世界遗产名录。

"喀拉峻"是哈萨克语,"喀拉"有深色、浓郁和辽阔的意思,"峻"形容茂密的样子,从字面上理解,"喀拉峻大草原"可译为苍苍莽莽的草原。

大约从特克斯县城出发1小时左右,我们到达喀拉峻草原景区售票点,门票分为全景游和半景游两种。由于时间关系,我们购买了东线草原游门票。

东喀拉峻位于深处,也是整个草原的精华区域,这里最著名的有鲜花台、五花草甸、库尔代森林大峡谷、三极夷平面观景台和猎鹰台观景点五处景点,既有雪山、草原风光,也有森林峡谷等,景色多样,非常优美。不过五个景点距离观光车的停车点都有一点距离,可以从停车点徒步0.5-1小时左右到达,或乘坐摩托车前往。五花草甸和鲜花台是其中最为精彩的景点。

区间车来到第一站鲜花台停了下来,我们沿着徒步道来到草原坡上。视野一下开阔起来,蓝蓝的天空下是越发开阔的大草原、羊群、郁郁葱葱的森林,远处的雪山与森林交相呼应,和煦的阳光洒在身上,暖暖的,鲜艳的山花烂漫在草原上开放........空气格外清醒,我们深深呼吸,感受着美好。不远处有景区人员正在施工,一排排白色蘑菇样的景观房在草原上拔地而起。

我们时而半躺在草原上，时而依背后的雪山森林为背景，赶紧将这一切美好收在相机里。

在返回途中，看到有滑草甸的游玩项目，我和爱人过去享受了一下，人坐在圆圆的橡皮圈里，顺着塑料的颗粒状滑道直落而下，橡皮圈左碰右撞，快速下滑，心脏忽上忽下，我们欢快的大声叫了起来，橡皮圈到底后在草甸上又滑行了一段停了下来，这种感觉太棒了！

区间车带着我们来到第二站五花草甸。我们沿着徒步道拾级而上，玫瑰紫色的报春花，金莲花，银莲花，百里香，青蓝，乌头，老鹳草相继开放争艳，它们热烈的交织在一起，向远处无边无际的铺开，将立体草原装扮成"空中花海"。

我和爱人在步道徒步三公里，路两旁五色花铺在草甸上，迎风摇曳，千姿百态。在道路尽头，一片森林跃然眼前，一群牛羊悠闲地在草原上吃着肥美的草儿，时不时"哞哞"地叫几声，大自然太美了！

我们带着不舍，做车来到猎鹰台。猎鹰台是当地人民传统的训鹰场所。下车后，沿栈道行走1公里左右，我们看到很多牧民在骑马，有的载着游客向前奔跑。我们沿着栈道一路前行，来到有名"三级夷平面"和森林峡谷。

在森林的嶙峋怪石处，我们停足远望，蓝天下，片片白云映照着皑皑雪山，雪山下有一大片草甸，之后又是一大片森林，这就是"三级夷平面"。近处花斑森林呈现眼前，据介绍，日照时间长，水分少的地方形成了大片草甸；阴面潮湿，水分多，日照不足，森林就长势茂密，花斑森林由此形成。

一架无人机在头顶飞来飞去，不断变换角度拍摄，大好美景尽收其中，一名外地游客在不远处来回操纵着按钮。我拿起手机拍摄起这段美景，并现场向远在北京的朋友视频观看，邀请他们一定有机会来看看。

我看了很多草原，喀拉峻大草原是最美的，不愧被联合国粮农组织誉为："世界上少有的高山天然优质大草原"。

带着依依的不舍，我们启程返回。看着两旁的草原森林渐渐远去，我和家人相约：喀拉峻，我们还会再来。

人间仙境喀纳斯

喀纳斯沿途的风景让一路疾驰的我们感觉在画中游，在仙境中驰骋……

冰雪封路导致到了贾登峪景区门口时，已是10月4日中午3点多，为了节约时间，我们买了快餐简单解决了午饭。换乘区间车一路向观鱼亭奔驰。

喀纳斯山里的天气就像是娃娃的脸，中午还是晴空万里，过一会儿便乌云密布，天空飘起了淅淅沥沥的小雨。

区间车沿着蜿蜒的山路在草原中穿行四十多分钟后，终于到达观鱼亭山脚下。

观鱼亭位于新疆布尔津喀纳斯哈拉开特山顶上，海拔2030米，和喀纳斯湖的垂直落差有600米，自下而上的徒步台阶有1068个。

我们沿着湿漉漉的台阶开始向上攀爬。雨渐渐停了，而浓雾依然弥漫周围，看不清喀纳斯湖。再爬到台阶一半时，浓雾渐渐变得越来越薄，由浓重的深灰慢慢变成了浅灰，在一处观景台前驻足，脚下的喀纳斯湖终于可以看到轮廓了，淡淡的绿色像一串大大的项链，周边金灿灿的白桦树，和绿色的冷杉夹杂一起，美的让人惊艳。

雨后的空气越来越清新，我们喘着粗气，不停的向观鱼亭攀登。

沿途看到灰绿色的岩石，斑驳层叠。据资料介绍，这些岩石形成距今已有6亿年，地质学称为震旦系寒武系的喀纳斯群砂岩、粉砂岩。经考证，当时在古海岸水下斜坡堆积的泥砂物质，经漫长地质时期的埋藏和压实，经地壳上升，山脉隆起，形成了这些岩石，仿佛6亿年前的地质史书。

终于到达最高峰观鱼亭。亭子像古代人多角帽，褐色的巨大帽檐从悬崖顶端伸向天空，亭子由二层组成，一层的大理石亭记，记载了2009年兴建观鱼台记。在二层观景台上，很多游客驻足在这里拍照留念。

这时，雾终于散开了，一抹阳光穿透云层射向大地。放眼望去，漫山遍野的白桦树，白色的枝杆率先换上了金灿灿的衣衫，与深绿色的云杉、冷杉融合在一起。

不愿逊色的红色圆形树冠的欧洲山杨遍布原野和山间，与白皑皑的雪山，蜿蜒的喀纳斯河，有着湖怪传说的喀纳斯湖，形成了五彩斑斓的秋色。漫山遍野的色彩犹如画家的调色板，惊艳了我们的视角，不停地拍照，不断地拍摄短视频，要把喀纳斯美好的秋景留存下来。

看着时间不早了，我们沿着下山台阶到游客中心，换乘5号线向著名的神仙湾、月亮湾和卧龙湾赶去。

每到一处，秋意浓浓的美景仿佛人间净土，白色的云带轻轻飘荡在山谷间。尤其是在月亮湾，弯弯的喀纳斯河像弯月悬挂在山水间，潺潺的流水在白桦林、原野间奔驰不息，奔腾的马儿在不远处的草原上悠闲的吃草，时不时仰起头向天吐吐气，甩甩鬃毛儿。间或有些牛群"哞哞"叫着在草原上漫步，牧民赶着羊群急着回家。

在喀纳斯，这里的秋是色彩斑斓的，无论是初秋的渐变色，还是深秋的彩虹色，每一帧每一秒，都是那样的令人陶醉。

在喀纳斯，体会到宋代文豪欧阳修诗句的意境："清风明月本无价，近水远山皆有情。"这里不愧享有中国十大秋色之首的美誉，更感觉喀纳斯是人间仙境，让人流连忘返。

家有小女已长成

九月的阳光，暖融融，敞亮亮的。

正在收拾着花台，手机铃响起来："妈妈，我被一家大公司录取为服装设计师了！"女儿电话那头掩饰不住的喜悦之情隔着手机都能感觉到。女儿大学学的服装设计专业，今年考研失利，就想着在内地就业，在重庆去考察市场，投了多份简历，结果被这家大型羽绒服公司录用。女儿电话里讲，这家公司HR看到她的作品集，又推荐给公司老总昨天面试，公司老板对他的设计作品比较满意，现场通知录用，女儿感觉自己的价值得到了体现，像小麻雀一样在电话里给我讲述着面试的种种细节，听着女儿的喜讯，我和爱人都欣慰的笑了，女儿长大了！

兴趣是最好的老师。女儿自小喜欢画画，先是4岁起跟随乌鲁木齐老师学画，从基础的儿画、黑白画，到线画、水彩画；高中后又师从艺术学院贾中老师学习素描、速写和水彩。期间除了上学，业余时间都奔跑在学艺的路上。

因为热爱，女儿从不觉得辛苦。记得无论是小学，还是初中，高中，正是学业最忙的时候，只要得到全国美术比赛的通知，女儿每一次都是周六周天在自己房中默默构思，勤奋作画，除了吃饭偶尔出下她的卧室。每当作品初稿完成，我和爱人总是第一评鉴者、分享者。

小学阶段，孩子的儿童画是突飞猛进的时候，多幅作品在秦老师指导下获国际、全国金奖和银奖。

初、高中阶段，工笔水彩画进步很快。《三个不离开》运用新疆少数民族风格，工美与色彩相结合的画法体现各民族像石榴籽一样和谐共处，共建美好家园的场景。栩栩如生的人物，灵动的表现手法，鲜艳的美术色彩，当场就让我们这两个外行感觉到惊喜。这幅画获得全国第十二届学生运动会非竞技类项目一等奖。

大学阶段，选择了湖南某大学的服装设计专业，这个专业在该学院是湖南省的靠前专业。女儿在这四年徜徉在服装设计的知识海洋里，每每通电话都是欢喜，都是奋斗的声音。去安徽的古镇采风，去广东深圳大厂学习前沿的设计理念，去湘西的瑶寨学习古法刺绣艺术……毕业论文、设计选择了非物质文化遗产瑶族侗景秀服装系列，经学院推荐获得湖南省大学生毕业设计三等奖。因品学兼优，获得国家奖学金。

在孩子成长过程中，我和爱人工作再忙，都会推掉不必要的应酬，始终有人陪伴在旁。一个管学习，一个管生活，每次的饭桌是我们沟通交流最多的地方，女儿的喜怒哀乐也在一次次倾述中，在我们的谈笑风声中悄然而去。之后，我们又建立了一家三口微信群，时时分享每日所见所闻，心情好坏。多年来，和谐的亲子关系始终如一。

有句谚语说："雄鹰当展翅高飞，翱翔于九天之上。"如今，家有小女已长成，我们也希望她在新的起点有新的作为，在广阔的蓝天下，成长为一只真正的雄鹰，搏击长空，自由翱翔。

作者简介:顾金喜,男,72岁。籍贯中国上海。毕业于华东师范大学。高级工程师。一生孜孜追求文学创作,收获颇丰。在中国各种文学刊物杂志上,发表了诗歌、散文、小说等文学作品50余万字,并曾获得中国文学的多项大奖。

子母河畔死亡城

旅游车从敦煌千佛洞开出,沿着"丝绸之路"向嘉峪关进发。

敞在我们面前的戈壁滩,黄澄澄的沙梁绵延起伏,无边无际,似万顷浊浪在奔涌,如万条黄龙在翻腾。一簇簇碧绿的骆驼草,犹如一叶叶扁舟在浊浪中搏击。

车过安西便与疏勒河并驾齐驱,半小时后驶过桥湾镇,又和疏勒河分道扬镳了。约摸开了十分钟,汽车嘎然停下,一条汹涌的大河跃然眼前,大伙尾随导游下了车。但见河畔矗立着一座石碑,上面隽刻着"子母河"三个大字。几乎所有的游客都想到了唐僧师徒落难子母河,猪八戒在此怀孕坠胎的神话故事。我禁不住俯身河滩,双手捧起子母河水,轻轻呷了一口,一股凉爽、清甜的惬意流遍全身。原来这子母河也是疏勒河的支流,在这茫茫的戈壁深处,突现一条汹涌的大河,对人的心灵震撼无以言表。

西边猛然刮来一阵黄风,刹时天地间灰蒙蒙的,太阳黄黪黪地挂在天空,沙粒把众人的脸打得生痛。灰沙弥漫中,隐隐约约有座古城堡突兀在面前,莫非戈壁奇观海市蜃楼?我们奔了过去,却是真真切切一座黄土色的古城堡傍依在子母河畔。西城墙是一墩一墩的败壁残垣,许多地方已经倒塌了;南城墙却有粗糙而厚实的残壁巍然看守着河岸,参差不齐的被岁月吹淡了颜色的土坯上悬挂着一团一团的杂草,在一阵阵黄风里颤抖。绿色的骆驼草悲哀地绕着土黄色的塌坍的雉堞。导游带领我们走进城内，一间间民居都没了屋顶，其间偶有几根横档，仿佛骨架上的肋骨一样。泥墙上一格格没了框架的窗孔好像许多只挖去了瞳仁的大眼睛，互相注视着。几间房内残存的些许桌椅，断了腿，缺了面，歪歪扭扭的倾斜着，木质已腐朽。城内四处是荒冢和骸骨。几位游客在"市井"间拾到清代铜钱和珍珠饰品，另一些游客便希图有好运，低下头搜索前进。

唐朝时候，这儿不过是"丝绸之路"上的一家马店。到了十五世纪，明朝政府在此建造了商城，取名肃阳城，乃是当时东西方经济、文化交流的驿站。十八世纪中叶，盘踞在西域的民族极端主义匪寇一夜间偷袭了酣睡中的肃阳城，进行了惨绝人寰的屠城行动，把全城的官员、衙役、商贾、平民杀戮贻尽，连襁褓中婴儿也不能幸免，尔后将城中财物劫掠一空。匪徒们抹掉手上的血迹，狂饮一通后卷着劫掠的财物扬长而去。从此，再没有人类来居住生息。

我们默默地扫视着这座骸骨狼籍的死亡城，那由于气候干燥而不曾腐烂的裹尸绮罗从沙土中暴露出来，随风拂动，掩尸的土堆边有只木制高跟丝质女鞋小巧玲珑，让人联想到我国封建时代女人的三寸金莲......

这座城市曾经骄傲过，她把璀璨的中华文明输向波斯湾、罗马帝国，输向整个中东和欧洲大陆。我们可以想见当年肃阳城里商贾云集、使节荟萃的盛况，可以想见车水马龙的嘶噪声以及饮宴闹酒的喧嚣声......

旅途中我们瞻仰了古中华的文化瑰宝，也见证了古文明被野蛮毁灭的罪恶。

肃阳城——子母河畔死亡城，是留给后人的永远的警示。

周庄抒怀

正是烟雨空濛天气，衣裳在空气里就湿漉漉了，眉毛头发也在不知不觉中湿了。绕着水乡人家的，都是河浜，抱着周庄水镇的，都是湖。前前后后是水，左左右右也是水，周庄依偎在淀山湖，白岘湖，南湖和澄湖的怀里，像从湖里滋出的一张荷叶。

我也算是见过许多名胜的。天下许许多多名山大川，得名与知名，总不免与摩崖石刻、诗人题咏、历史的黄钟与遗子有关。周庄不一样，尽管朱元璋时代的沈某在此豪富，尽管诗人柳某在此狎酒弄诗，都无可无不可，可知可不知。吸引四方客人千里迢迢来周庄，最是那迷人的烟雨中，白墙黛瓦，石板拱桥，茶楼酒肆，平常人家，还有无名的乌篷船，随意地摇进摇出，淡出淡入于水镇和水上人家的院落厅堂。

烟雨中的周庄也有故事，那故事也如周庄烟雨一样，朦胧而又神秘。说是镇上一座拱桥上，有一小酒店，名为"迷楼"。迷楼中酒娘阿金美艳惊人，招惹得南北诗人为了一睹芳容，颠三倒四买醉，在酒店粉墙涂满了"迷楼夜醉"一类艳诗。名士沈君匋的太太出于一种难以名状的心情，发誓想见见这位绝色女子，便命佣人到"迷楼"叫菜，并且点名请阿金送到府上。可惜，美女阿金虽翩然而来，却把酒菜交给了沈家佣人，又翩然而去，君匋夫人终于未能见到这位佳丽。想想也是，周庄的美女倘站在光天化日之下，还有周庄的味道和风韵吗？朦朦胧胧的周庄和周庄朦朦胧胧的美人儿，似真，似幻，如实，如梦，才有无穷的诱惑力。

粉墙乌瓦和小桥流水构成的周庄，船的梭织连接的周庄，是一种禅境，是物化了的精神的田园啊！这种禅境，不是古佛青灯下的"禅"，而是一种"平安家园"的感觉，那么凡俗，那么自足，让人随便想些什么就想些什么，让人眷恋，让人相思，让人散开胸中的郁积。

周庄！周庄！水做的小镇，水做的骨肉。让人觉得浑身轻松，也觉得自己一下子就变得很温柔很温柔了，不是么？船儿和船儿磕碰了，相对一笑；船儿和船儿在水巷狭路相逢了，让开就是。

周庄当然不是世外，周庄当然也有历史。离镇二里的太史淀，枯水时可见古井数口，水丰时烟水茫茫，一澄如天。便是说，平静和泰然之下的周庄，也藏着说不尽的沧桑。春秋时期记载周庄水域为"摇城"，北宋元祐元年，正式得名周庄，两千五百年的旧事，九百岁的高龄，多少风风雨雨骚扰？可是在周庄的粉墙上，拱桥上，人们是见不到沧桑变化的碑刻和文字痕迹的，周庄不把沧桑写在脸上，甚至不挂在心上。如此不动声色的面对沧桑和历史沧桑的不动声色，该是大师级的修炼吧？风雨就是风雨，沧桑就是沧桑，芦花还是白就白了，菜花还是黄就黄了，船还是船，桥还是桥，周庄还是周庄。无论庙堂之上，朝野之间，怎样的人来人去，云起云飞，周庄乡民创造的温馨，宁静，平和，淡泊，以及在平淡宁馨中所包容的博大和深刻，是永恒的。

一切都是匆匆过客！诗朋、酒侣、名士、富豪、官宦、贵胄，都是过客，唯有水镇人家创造的水镇永恒，周庄永恒！

作者简介:华爽,女。中国青少年。祖籍云南大理巍山县。有很好的文学天赋,擅长散文、游记。

古城游历

我曾去过几个地方, 不多, 但值得一提。风景秀丽且充满人间烟火的大理古城, 那是我大概四年级去过的地方。第一次去是早春时节和舅舅一起, 还在那里的一户人家里住了两天。我记得去的路上晕车晕的厉害, 在车上睡了一下还因为颠簸, 后脑勺得了个包…到的时候是被叫醒的。

刚下车, 脚底是那种青石板砖还有一些路是成年累月的碎石子铺陈的, 一路走去, 路的两旁有沟渠, 水清, 像是《小石潭记》所写的"潭中鱼可百许头, 皆若空游无所依, 日光下彻, 影布石上, 怡然不动, 俶而远逝, 往来翕忽, 似与游者相乐"。那时候小, 喜戏水, 当即便蹲下伸手去触碰, 竟是冰冰凉凉的, 水往下流, 而我的手往上划着, 与水做起对来, 自己一个人玩的心里欢喜。直到舅舅催促才依依不舍地站起来。我记得那是一个上坡路, 没有那么陡, 我还记得在路的左边有一家加工出售大理石的铺子, 那些花岗岩大理石都好漂亮, 有的是白色的带着灰色的纹路, 还有土黄色的带着红褐色的裂纹似的, 千变万化, 数不胜数……再上前走五六米就有一些路边摆摊的小商贩, 有糖人, 有卖小的工艺簸箕的, 还有葫芦丝和扇子, 那扇子是圆弧形的, 且扇骨和扇面都是竹制的, 在扇面还有镂空的雕花, 极为精美, 十分喜欢便缠着舅舅买了一把。拿到手后, 学着那些文人送客摆弄起来, 朗朗念着: "无人扶我青云志, 我自踏雪至山巅! ", 后又一点点慢慢收起来, 小心翼翼地放进盒子里。又往前走了一点, 随即拐了个弯, 进了一处小道, 第二户人家便是。

入院, 北方是客厅和房间, 西面则是厨房, 北方正对的南, 是一些花花草草

　　还有一方照壁，兰花居多，其次还见了一些栀子花和多肉，景色甚好。有两个比我大三岁的姐姐，名字最后的字为琪和源。我有点害羞，不怎么讲话，她们便拉着我去给花浇水，去看她们养的仓鼠，那仓鼠的纸箱里放了一些草木屑，总共有两只小仓鼠，四只黑豆眼，圆滚滚的身子，暖黄与白色相间的绒毛，让人看了就喜欢。源："阿妹，摸摸？"我点点头，伸手轻轻抚摸，"好软。"我笑着说到。琪："我们可以给它们喂一些瓜子哦。"就记得那天我们三在那围着小鼠蹲了一下午，磕了一小杯瓜子，大概够那小鼠吃个两天吧！洗漱完后睡觉，是我和那两位阿姐，还有她们妈妈四人睡一间房。倒也不算挤，一张大床，一个地铺，嬢嬢睡地上，挨着床边，防止我们掉下来摔倒。关了灯，月光透过薄薄帘纱悄悄探进头来，我就这样望着月光，和她小声说着，第一次不在家里过夜，倒也不远，心中竟有些思念。月光同我讲，相隔有距离，倒也不怕，再远望的也是同一个月亮，我会将你的思念与述说带到家。我安心的睡沉了去。

　　喔嗡嗡嗡嗡！！鸡鸣了，她们翻了个身还又继续睡去，我轻轻地，慢慢地离了床，蹑手蹑脚地朝房门外走去，刚出去穿好鞋，终于松了口气，还好没吵醒她们。我提了个草墩，坐在柱子旁，天灰突突，光蒙着一层雾，还没完全透出来，却也依稀露出几丝。坐了约莫一刻钟，琪和源的阿公阿婆提着两只大桶回来了，我急忙站起来打招呼，想去帮忙，却被"嫌弃"力气太小，阿公阿婆说这是他们一大早刚挤好过滤好的鲜牛奶，一会配着乳扇和蛋花当作早点。人也陆陆续续的起来了，大家围坐在一起，喝着鲜牛奶花，烤乳扇，谈笑着，好不热闹！后边早饭有道生皮，不会吃这口，还有紫菜汤，很香，其余便是些家常小菜。

　　吃完饭后去到了一处树特别多的地方，那里的树又高又粗壮，最大的那一棵就算十人围抱也环不过来，还有一棵绕了一些红线，树下还有一个石槽，有些清水，里边有张嘴石蟾和一些钱币，大约是用来祈福求财的。再后来的事就记不清了，只带回来一本图画本，是那两个姐姐教我画的画，还有那把宝贝扇子。

　　此次旅途便就此结束了，见识到了一个地方的风土人情，了解到了他们的手工技艺还品尝到了美食，知道了大理的人间烟火，是彩云之南，是有风的地方，倒也不枉此行，收获颇丰。故事未完，我们敬请期待！

作者简介:魏凯,男。笔名白萧。生于1986年。经济学学士。中国安徽省宿州市萧县人。爱好文学,在中国文学刊物杂志上发表过多篇诗词散文作品,并获得过中国文学奖项。

游龙脊山"一线天"记

龙脊山,我是曾经去过的。

前些时日,在抖音上刷到了龙脊山"一线天",为其险峻峥嵘所吸引,遂萌生了再游此山的念头。

今日有暇,约上好友驱车前往。顺符离大道一路向北,到永乐大帝雕塑处折而往西,不多时便到了烈山的中国石榴博物馆。

馆之南新修建了一条盘山公路,很多驴友前去打卡,并美其名曰"皖北川藏线"。山势逶迤,山路曲折回环,吹着山风行驶其间,心情格外舒畅。

进入景区,登上那条熟悉的山路。龙吟湖依旧碧波荡漾,给冬季的群山增添了灵秀之气。始于东汉时期的大方寺,掩映在松柏林间。虽历经两千余年,烟寺晨钟今尚在,山门依旧香火旺。

由大方寺往上,是未开发的荒山。上山的小路不甚分明,若隐若现,行至无路时便自己开辟出一条小路。

好在上山前查阅了一些驴友分享的攻略,知道"一线天"大致的方位。

路边的灌木丛中,有时可以看到大概是驴友用作标记的丝带。一路走走停停,倒也很快就到了山顶。

登顶举目眺望,周遭的莽莽群山,阡陌村落尽收眼底。结合网友的攻略,在西南方的第三个风车附近,终于发现了"一线天"。

这片山台,奇峰险秀,乱石林立,好像不是此山生长的一般,倒像某种神力从别处搬运而来。

山台下的小路更是似有若无，只好手脚并用，攀援而下。经过一番折腾，终于到达"一线天"下。

山洞窄狭，仅容一人过，当真是"一夫当关，万夫莫开"。

临川先生有文曰"夫夷以近，则游者众；险以远，则至者少。"景区内游人如织，但知道并到达此处者寥寥无几，当然他们也就无福消受这峥嵘而崔嵬的奇崛美景了。

踏石留痕石板街

去过多座古镇，走过许多条青石铺砌的街道，唯独此处直名石板街。

这里不是人家尽枕河的江南水乡，没有吱吱哑哑的摇橹声，听不到渡娘婉转的小调。只有老濉河默默地陪伴在侧，无论繁华，抑或落寞。

这是一座飘着酒香的古城，始建于清咸丰年间。历经数百年风雨，历尽无数繁华和战火沧桑，如今依旧酒旗猎猎舞东风。

春节期间，老城石板街民俗文化演出好戏连连。听闻央视在小年时也曾前来录制节目，和全国人民一起品味这座淮北老街浓浓的年味。

老街不长，一街八巷，承载着百万濉溪人的历史记忆。来老街茶馆，点一壶清茗，酬过往，敬余生。走进童年小卖部，剪一段缓缓流淌的旧时光，珍藏。倘若赶巧，还能喝上一碗王憨子油茶，满口喷喷香。

街上人潮如涌，一起奔赴这场新年之约，尝美食，赏非遗，听戏曲，踏石留痕石板街。身边不时有汉服美女飘过，惊艳了时光。蓬头稚子手拿棉花糖，还吵着要街边的玩具枪。更多人举起手机，纷纷拍照打卡，将愉快的心情通过网络传递。

作为曾经的皖北三大商贸古镇之一，想当年这里一定是车马辐辏，往来商贾云集。而今经过翻新改造，古城旧貌换新颜，传承文脉谋新篇。

作者简介:周建军,男。中国青少年。中国四川省广元县人。酷爱古典文学,擅长文言文写作。

游学记

予自云峰而至之为读书而居此。闲则游之,观景良多,意予之读书良多,可书文,故作文一以予苍溪,虽前者无几,然亦逆风而行。

汉昌故郡,苍溪新府。秦陇锁钥,蜀北屏藩。星分井鬼,地接阆利。地杰人灵,金银俱备。斯盛是实,桂香结晶。雪梨阳桃,桂月盈香。起于太古之时,亡不知谓何时。

天府北极之处,巴山南麓之低。阆水急湍而过,江州并江而至。顺江之势,可夺江州。素晓苍溪,迟暮巴郡。玉翠阆水,似玉如柳。古时杜甫送客,今日命穷与此。水势非剑,曲处回清。山影水映,犹如二者。

武当岭盘水旁,嘉陵江置其中。绝峰刃挺,山峡幽深;相连无阙,曲折无定。道教圣地,众观皆居。道教之武当山,苍溪之道观众。

云台观处,二八其一。天师法会,五月十八。扬幡三日,普告万灵。观欲皈依,欲以辟邪。

此之为余之观,然景物甚多,如寻乐书岩,此予未去不以足也!

时癸卯八月初二。

随笔而安

SUIBIERAN

作者简介:郑华芝,女。籍贯中国山东,现居中国北京。中国资深媒体人。中国文字著作权协会会员。曾先后任职于中国几家IT、财经主流媒体。采访过许多著名中外企业及其高层领导人,发表了一系列有影响力的文章。出版了经营管理类代表作《三星极致商道》、《思科真相》,并被国家图书馆和众多高校图书馆收藏。

家有小儿初长成

一

9月初,我家小帅哥学会了骑自行车,是那种最大号(20型)的儿童车。

学车的第一天,他就能歪歪扭扭地骑了,所以颇为得意。第二天,我带他到融科大厦的空旷处练车,他已骑得很像样了。他骑在车上得意地喊:"孙笑飞是个骑车天才。"话音未落,他已跌入路边的草坪,腿也被磕破了。他忍痛出来,说:"我刚刚要说'骑车没被摔过',结果就掉下来了。真是滥土豆不能'夸'。"

9月16日,到新东方上课。我带他第一次骑车上路。我在外面护着他,他在里面还是有些紧张。也不知他想到了什么,他说:"我是一个新骑士,骑着一匹新马,在老骑士的带领下冲了出来。"我肯定是那老骑士。

二

过十一,我答应儿子请他们班叫陈邵的小朋友一起在我们上地的新家住几天。他说他们的计划夜里不睡觉,玩个通宵。我说:"不行,这是不健康的生活,对身体不好。"他说:"猫头鹰就是夜里不睡觉,不是活得好好的。"我说:"因为你跟猫头鹰不是一个物种,你的祖先是猴子而不是猫头鹰。"他终于无话可说了。

三

儿子最喜欢的一个玩具是个毛茸茸的小鸡，他给它起名叫蛋蛋。每次去新家住时必须带着它。一次从新居回来，下楼后走出一个单元的距离，他忽然问："蛋蛋带了吗？"我说："没有，回去拿吧。"他说："多亏上帝关上了一扇门，又打开了一扇窗，让我想起了蛋蛋。"我愕然了。

四

一次到家俱城。有一款沙发是五指的单人沙发，售货小姐说这手的形状是根据佛手的姿式设计的，食指要弯向大姆指，如果五个手指都伸着就是要饭的手啦。回家后，儿子做了一个这样的手势，问我是否与沙发的佛指一样。我注意到他的手指脏脏的，说："像倒是像，就是手上有土，太脏了。"他答道："佛界里的土也是净土。"我干张着嘴说不出话来，惊叹不已，这好像不太像10岁孩子的话。

五

儿子小时候经常对我说："妈妈，你是世界上最漂亮的妈妈！"他长到10岁时就不再说这样的话了。有一次我问他："妈妈好看吗？"他说："儿不嫌母丑。"我追问："到底好不好看。"他说："我只能说儿不嫌母丑。"我默然。然后问："你们班哪个小朋友的妈妈最漂亮。"答："都不漂亮。"我心里好受了许多，他也许还不会欣赏女人的美。

六

儿子不太喜欢弹钢琴，最起码不是热爱。有一次，在他8岁时，他坐在琴凳旁边，用"真心英雄"的调唱道："累哟，累哟，累哟……钢琴像鬼，呲牙咧嘴。"我在里屋大笑。

我近期忙于写一本关于三星成功之道的书，所以没有时间做太多别的事情。今天刚刚完稿，所以，心情很是放松。

一到夏天发现自己略有发胖，于是叨念着要锻炼减肥，但一写上东西就忘了时间。到了晚上就怨自己到现在还不知道爱惜身体。说，明天一定不要忘了出去跑步。儿子每每听到我的话，就会加上一句："我妈妈减肥是三天打鱼，两月晒网，逢大雨改期。"

我虽然自己总忘记锻炼，但常提醒周围的朋友注意休息，不要太过劳累。只要儿子听到，他会加上一句："我妈妈总是把她的懒散情绪传递给她身边的每一个人。"这是我生病后才有的改变，以前总是热衷于谈做事情的快乐。

我现在的生活就是由这些小片段组成的，琐琐碎碎，快快乐乐。

扮演牙仙女

传说在西方有一个女神，专门收购小孩子掉的乳牙，名曰：牙仙女。

我们楼下的邻居是从美国回来的一对年轻夫妇，有一儿一女，儿子与我儿子同龄，但大两个月。两个小家伙自从认识后，成了很好的朋友，他们在一起经常谈论他们这个年龄感兴趣的话题。

他们现在都在上小学三年级，已经开始知道钱的作用，比如他们都有了"小金库"。有一次他们谈起自己的小金库和资金的来源问题，我儿子的小金库来源于压岁钱和每个月承担扔垃圾任务的4元钱工资。楼下小男孩谈到他小金库的资金有一项是"牙仙女"给的。我不明白这是怎么回事，他解释说，在美国有"牙仙女"专门收集小孩子换下的乳牙。小孩牙掉后，洗干净放在枕头下，夜里牙仙女就会来收购，一美元一颗。我儿子颇感兴趣，很兴奋。"要是在中国就合8块2人民币了"（他们俩也会谈美国一元钱合多少中国钱）他说。随后，他又很失望地说："可惜中国没有牙仙女来收购牙，我以前掉的牙一分钱也没挣到。"

他随后问我："妈妈，以后牙仙女会来收中国小孩的牙吗？"我说："会的，牙仙女会周游全世界的。"

前几天，儿子掉了一颗牙，他把牙洗干净，放在枕头下面。我忙了一天，晚上就把这事忘了。第二天早上，儿子穿着小短裤在屋里喊："牙仙女昨天晚上没来，牙还在呢！"我走过去，儿子问："世界上根本没有牙仙女吧，也没有圣诞老人吧！"我一直希望儿子是一个有梦的小孩，所以我说："不是，牙仙女太忙了，世界上那么多小孩掉牙，牙仙女忙不过来。她肯定是先收小小孩的牙去了。"这时先生也过来了，劝了几句。儿子有些不高兴。

到了晚上，儿子上床后我亲了一下他的额头对他说："晚安，做个好梦。"儿子问："妈妈，今天牙仙女会来吗？"我说："会吧，她早晚会来的，可能她最近太忙了。"儿子说："如果她不来，我就不相信世界上有牙仙女，我也不相信世界上有圣诞老人了。"我摸摸他的头说："睡吧。"儿子道了声："晚安"。我回到自己屋里，没敢上床。因为现在身体不好，一躺下就可能入睡。又会错过"收购"牙齿。过了半小时，看看儿子睡熟了，到他枕头下拿出牙齿，放入10元钱。回到卧室把牙放好，上床躺下。

先生问："牙仙女回来了。"我笑了。世界上所有牙仙女都是妈妈扮的吧，她们都希望让孩子们的童年充满快乐，充满幻想。

第二天早上，儿子好像忘了牙仙女的事。先生说："辰辰，昨天牙仙女来了吗？"儿子回屋，只听到他兴奋地喊到："昨天牙仙女来过了，我的牙没了，她给的不是8块2，而是10 块钱，比1美元还多。"我说："她到中国会给整钱，给零钱多麻烦呀。"

下午放学，他把这个秘密告诉了楼下的小朋友，说："你在中国掉牙比在美国挣的钱多，因为10块人民币比1美元多。"他们俩都很高兴，盼望着有新牙掉下来。

我也很高兴，晚上给儿子关灯道晚安，儿子告诉我一个秘密，他说："妈妈，我把牙仙女给的钱放在枕头下，我希望今天晚上财神过来，把我的10块钱乘以10。明天就变成100块钱了。"我吃惊得说不出话来，半天才说："财神可不是那么好来的，睡吧，晚安，做个好梦。"儿子说："晚安，做个好梦。"

我回屋，把儿子的希望小声地告诉先生，我们俩偷偷地笑起来。牙仙女好扮，财神可不是好扮的，给了100元，下回希望变1000、10000，这个是个无底洞呀。

财神我没扮，告诉儿子财神是不会轻易光顾的，财神光顾的人要么是企业家，要么是科学家。

儿子还在盼着财神的到来……

注：这大约是2005年前后在我们家发生的有趣故事，当时是以日记的形式记录下来的。每每重读，都会涌上笑容。每个小孩子的成长，都当有美好的回忆。

冬日里的小红菊

冬天来了。

家里的书架上，还有两株最后的小红菊，一旦开败，就再也没有来自都市小菜园的花插了。

因为小菜园里种植的小红菊，已修剪完毕，只留了两寸高，待明年春天重新发芽。剪掉的植株被我做了过冬大蒜的暖被，大蒜就有了一床绣着小红花的奢华被子。

小红菊装点了一秋的风景。从最初的花蕾萌发，到花蕾微微变紫，都如羞怯又淘气的小仙子。待满花蕾都变成红紫，微微开启笑脸，已让都市小菜园里的农夫农妇们惊喜连连，在菜园赏不够，剪回家做插花，晾晒小胎菊。

一周后再见，小红菊盛开，那一片朝霞般的红，惊艳了整个菜园，绿色的大白菜，映衬着娇小的红，俏丽又活泼。收上一大盒子红艳艳的小菊，便觉得收获了整个秋天。

回家前再采上一大束，阳台上晾一片菊花茶，花瓶里插上一大束，再配上两小支黄色的菊花脑，秋天就在小红菊由紫红到紫黑的变化中流逝，不知不觉中秋走了，冬来了。

春天种下小红菊时，并没有意识到，家里和小菜园，会变得这么不同以往。因它，发现了小菜园，也有这样艳丽的秋。

没有时间和精力悲秋，美好的小红菊，让人忘了秋的荒凉，只记住了秋的美。

小雪时节，小菜园的菜都收完了。大白菜，大葱，胡萝卜都入了窖，土地翻过了。小菜园进入了休耕期。大蒜，韭菜开始在暖被下睡大觉，小红菊也开始冬眠。整个小菜园如生过孩子的少妇，疲惫慵懒而安祥。只有喜鹊，麻雀热热闹闹的唱歌，觅食。小菜园还有它们可吃的食物，这里也是它们的家园。

在小菜园耕种的都市农夫农妇们也进入休息期，回家"猫儿冬"，几乎不会打扰小菜园的清净，只会偶尔去取个菜。

小红菊，好好休息，明年春天见。冬日里的小红菊，该有花仙子守护吧？

作者简介:于哲敏,男,58岁。祖籍中国山西省万荣县,现居中国山西省太原市。毕业于中国北京师范大学。对生活充满激情,喜欢尝试新生事物,勇于冒险。历经大学教师,省府官员,下海经商,民企高管到自主创业,人生阅历丰富。从小喜欢文学,笔耕不辍,文学作品多次发表在中国国内颇有影响的报刊杂志上。

万荣热锅子

上世纪七八十年代的时候,村里两夫妻吵架。男人气坏了:"这光景没法过了,我要去集上好好的咥一顿"。别人都以为他到集上去吃热锅子,没想到他只吃了一毛钱一碗的炒凉粉,一时传为笑谈。

那时候万荣县西集上好吃的不外乎饸烙、凉粉、醪糟、甑糕、麻花、烧饼、馒头、包子、卜刀、粽子、炒凉粉、热锅子,最奢侈的就是热锅子,五毛钱一碗。

我外公家就在光华乡的街面上,他是乡食堂的集体职工。平时外公就在食堂里蒸馍馍,他的蒸馍技术是一流的。我看过他在食堂里蒸馍,蒸馍的竹笼屉特别大,一笼可以放二三十个馍,每个馍都是四两。外公在每个笼屉上放上一小碟硫磺,说这样蒸出的馍特别的白。外公蒸出的馍又暄又白,卖的特别好。

到了逢集的日子,食堂就会在街面上搭起帆布帐篷,占地三四十平米,是集市上最大的饮食摊子,专卖热锅子。羊肉和羊杂早就煮熟了,剁好了放在大大的案板上, 还有豆腐羊血粉条芫荽葱花。紧挨着案板是一口热气腾腾煮着羊骨架的的大铁锅,各种调和勾兑的浓香适宜的汤面上一片红汪汪的是羊油辣椒。在案板前摆着长长的桌子和条凳供客人吃饭。有人要吃热锅子,外公抓一把羊肉和羊杂放在汤里,再把豆腐羊血粉条放进去,大概烫上二三十秒钟, 盛在大海碗里,加上红艳艳的汤，再撒上芫荽和葱花，一碗鲜香浓郁的热锅子就做好了。主食有麻花、烧饼、馒头、包子，任由客人选择。一般人舍不得吃碗里的羊肉，先喝汤，汤喝完了可以无限续。庄稼人饭量大，好不容易奢侈吃一次热锅子，大都先喝上五六碗汤，基本上把肚子垫个八九成饱，然后才舍得吃碗里的羊肉羊杂粉条豆腐羊血。在那个物质特别匮乏的时代，吃上一碗热锅子齿颊留香，可以让人美上好几天，也可以在村民面前好好炫耀一番，倍有面子。

我们村子离光华乡有八里路，也不是每一个集我都能去，大概两三个月奶奶会带我上集。每次我都要去外公的热锅子摊，外公就会给我端上一碗热气腾腾的热锅子，再在羊肉汤锅里给我泡上两根麻花，让我好好的大快朵颐。我美滋滋享用热锅子的时候，外公一脸慈爱的看着我，时不时的给我再加一些羊肉，每次我吃的热锅子都是外公自己掏钱。等我吃完热锅子，在集上买好东西的奶奶就会到外公的热锅子摊前找见我，一起相跟上回去，奶奶是舍不得吃热锅子的。

热锅子的味道在我的记忆里印象深刻，它简直就是天下最好的美味，以至于我后来到太原工作的时候，一直想把它引入到太原，可惜因为种种的原因没有办成。

后来太原有了郝刚刚的羊杂割，也有运城的羊肉汤，和万荣热锅子有点相似，但终究代替不了我记忆中热锅子的美味。

野草

正当七月，太原郊区植物生机勃勃，田野里的庄稼郁郁葱葱，道路边田埂上野草葳蕤，总有半人高。野草总是混杂着生长，灰条条，狗尾巴草，曼陀铃，苦菜，蜀葵，凤仙草，大籽蒿，刺菜等等叫上名和叫不上名的总有十多种，挤挤挨挨林林总总夹杂着混为一团。

我特别惊叹野草旺盛的生命力，没有人去播种它，也没有人精心为他们松土除草打药伺候它，但是只要有一块空闲地方，只要野草的种子能到了那里，它们就会悄悄地在春天探出头来，然后顽强生长。生死对它们来讲很随意，或旱或涝或火，说死就死掉了，随意凋零。我曾经在高高的水塔顶上看到生长茂盛的野草，也看到一些老旧房顶上毛草瑟瑟发抖，看到砖墙缝里顽强的野草探出头来，甚至在幽暗见不到阳光的火车站轨道中间的石头缝里看到顽强生长的几株野草，我知道它们的生命肯定长不了，生存环境实在是太恶劣了。

野火烧不尽，春风吹又生。野草生命力的顽强是我们人类无法比拟的。大家都知道野草的生命周期也就是一个春秋，到了冬天寒风掠过，大雪飘过，野草就会变得干枯，火一点就着，失去生命力，只留下土里的根系或者随风飘荡的种子落在随便那一片泥土之中，等着来年气候合适的时候重新生长。

我们把芸芸众生比喻成草根，他们就如野草一般默默的出生，默默的成长，默默的消失。人生一世草木一秋是草根阶层的最好的写照。只要有适合他们生存的地方，他们会坚韧不拔的去谋生，去生活，去扎根。在煤窑里，工地上，黑砖窑里，餐馆里，街上的小快递哥，在许多有身份的人根本看不到眼的场合里，到处都晃动着他们勤劳的身影。只要能活下去，只要能有收入，他们不怕苦不怕累，他们默默的付出，辛勤的劳动，除了养活着自己，还要养活身后靠他们这些微薄收入的一家人。他们从来不去主动争取什么，因为在这个残酷的社会里，他们没有话语权。他们也从来不挑肥拣瘦，只要能够活下去，他们就那样默默的忍受，辛勤的付出，直到身体已经无法再承受沉重的劳动，他们再很卑微的生病，挣扎，死去，一如旷野上随风萧瑟的野草。

娃娃亲

我出生在晋南万荣县，在那方热土生活到16岁，前后定过三次娃娃亲。

第一次娃娃亲是我在七八岁的时候定的，定亲的那家是我们的邻居。这个邻居家里的院子很大，大概有两三亩地的样子。更神奇的是，院子里长满了各式各样的水果树：苹果树，杏树，桃树，梨树，李子树，柿子树，桑葚树，枣树，山楂树。水果成熟的时候，满树的累累水果勾引得我们这些小馋猫馋涎欲滴。母亲和邻居家的女人经常在一起干活唠嗑，熟悉的就和姐妹一样。邻居家有个女儿和我同岁，长的笨笨的，但是人特别老实。不知道两个人怎么聊的，就这样给我定下了娃娃亲。定了娃娃亲以后最大的变化就是我和那个女孩子见面不说话了，伙伴们都跟我开玩笑说她是我媳妇。定了娃娃亲以后我获得了一个福利，可以到她家里随意吃水果了。印象最深的是爬到她家的桑葚树上，吃得满脸满嘴乌黑，满手乌黑。

第一次娃娃亲只维持了两年就结束了，据说是两家老人感觉我们两个太不搭。虽然解除了娃娃亲，我和那个女孩子见面还是不说话。

第二次娃娃亲订的是我们村里书记家的姑娘，比我小两岁。大人们是怎么商量的，又是如何定的这娃娃亲，我是一点都不知情。这个女孩比我小两岁，长的比较俊俏。自从订了娃娃亲，我在路上碰见她，她都脸红红的低下头，当然我们也都不说话。后来书记告诉我家想给姑娘找个上门女婿，我父母不同意我做上门女婿，所以这门娃娃亲又解除了。

为了弥补自己的愧疚，书记把邻村的他一个亲戚家的姑娘介绍给我。那个时候我大概是在上初二吧，这一次总算让我参与了，我和那个姑娘在书记的哥哥家里见了一面。姑娘长得很俊俏，我挺喜欢的。我们就站在人家家里的炕前头，也没有说一句话，她低着个头不敢看我，我还大着胆子看了她几眼。见完面以后，大人问我行不行，我说行，于是这门亲事就定下来了。

　　我上高中的时候，那个姑娘的爷爷去世了，我还从学校请假去她们村行了一次新亲门户。我穿了一身白色的丧衣，头上戴着白色的丧帽。但是我和其他穿丧服的人是有区别的：我的丧服的腰间围了一条红色的绸带子，丧帽上有红色的双喜字。奶奶领着我去了她家，好多人都过来看热闹，围着我指指点点，叽叽喳喳的也不知道议论些什么。我只能低着头任由别人指点议论。她在别人的引导下过来磕头感谢我这个行门户的新女婿，那是我第二次见她。悲伤的她哭的眼睛红肿，头发有点散乱，面容憔悴，感觉不像相亲那天看起来那么俊俏，我感觉有点失望。

　　后来我考上了大学，而她竟然已经停了学不读书了。母亲让我告诉媒人把这门亲退掉，我说这门亲事是你们给我订的，你们给我退掉就行了。然后我就离开家乡，上了大学。寒假回来的时候，母亲告诉我那门亲事退掉了。过了两三年舅舅还很遗憾的告诉我，说我退掉的那门亲事有点可惜，那个女孩长的特别漂亮。

　　转眼我已经是快60岁的人了，回想起自己定的三次娃娃亲，恍若隔世。中国2000年以来的婚姻制度，遵循着"父母之命，媒妁之言"的原则，晋南作为封建文化保留比较完整的地域，在我生活的六七十年代还基本上遵循着这样的婚配习惯，这才有了我小时候的三次娃娃亲。现在时间已经进入21世纪，世界发生了翻天覆地的变化。娃娃亲这种旧的婚姻制度已经随着社会的进步而进入了历史的垃圾堆，再也听不到有定娃娃亲的事了。

作者简介:张善荣,男。现年七十五岁。祖籍中国山西省怀仁市。从一名教育工作者逐步走上领导岗位。一生酷爱文学写作,在中国颇有影响的报刊杂志上,发表了上百篇各种题材的文章作品。

一辆品牌轿车的诉说

我生产于东瀛那个弹丸之孤岛,本民族天生就贪婪成性。上个世纪三、四十年代,曾侵犯其他民族,特别是地大物博,人民聪慧善良的中华民族,对他们犯下了罄竹难书、十恶不赦的滔天罪行。

为了悔过赎罪,我于前些年西渡东海,穿过太行,越过恒山,飞跨桑干,来到了晋阳大地,北魏平城郊南的一个古老县城,为一户纪姓人家效犬马之劳。女主人是一位高个、善良、端庄、勤快的武姓女子。我原本有一个粗鲁笨拙,不受人欢迎的名字,叫作"本田"。这个名字,咋一听起来,以为我是与那个影视作品里,经常出现的圆脑袋、鼠眉眼、鹰瓜鼻、露獠牙,被中国人唾弃,漫骂,憎恨的龟田人也,我深受他其害。其实,我与他既不同类,又无宗族关系。所以,为了避邪,为了减少牵连受害,女主人又给我起了个美丽大方,通俗易懂,吉祥如意,鹏程万里,安全奔跑的,而且兼有中英文和阿拉巴数字的别名,叫作"晋BJ9571"。从此,我再不叫那个干瘪无味又苦涩的"本田"名字了。人们习惯地称我为9571。这是我的代名词,也是我的"身份证"。

我远渡重洋,从岛国来到美丽富饶的中华大地,落户于雁门关外桑干河畔的金沙滩上。我幸运地遇了我的女主人。她聪敏善良,好动友喜,对我毫无卑视,毫敌意。还视我为友,视我为宝,视我为闺蜜,视我为"千里马""远航船"。她行至在那里,我就相随在那里。她有要事,她要远行,她身困力泛,我从不喊苦叫累,从不推三靠四,从不讲价要物,总是默默不闻,随叫随到。我吃苦耐劳,听令便行,指到那里就奔向那里,狂风骤雨不停歇,炎热严寒也要行。为我的女主人代步行,跑萬里路。我为女主人多拉快跑赚钞票。我为女主人的亲朋好友走乡串户，方便办事，广游山水。这些年，我为女主人付出了绵薄之力。我的女主人对我也是爱惜不已，关怀备至。我累了，她就让进库休息。我生病了，她就让专业人员修修补补，敲敲打打。我渴了，她就隔三差五给我灌油。我身上有了灰尘，她就勤快地清洗擦拭。我真是遇到了好心的女主人，进住了难以描述的幸福窝。

有谁会料到，一天晚上，女主人将我停靠在市区偏僻的一条小街上。从此，我再没有与她悟面。一天，两天，三天，一连过去了十多天，我像一个被遗弃的孩子，又似一个迷失的老妪，孤独伶仃，凄凄惨惨，爬在原地，一动不动。我无人问津，没人理採，任凭风吹日晒，雨淋雪打，不管满肚空腹，还是口干舌噪，或是灰尘满面，再不也象以往那样油光呈亮，风光无限。我变得灰蹓蹓气沉沉的，毫无生息，如废物一般。一我一样的是前后左右的同伴们，他们也是一模一样的遭遇。

我的女主人从那天起，就再没有来看我一眼，更没有给我捎一句口信。幸好，有一位七旬的老翁，看似熟悉，又感陌生，每天早晚，他探头探恼，左顾右盼，来到我的身边，前瞧瞧，后瞅瞅，不问渴，不问寒，似乎看我是否蹓之大吉，是否体肤完美，是否被人拐跑，他放心后，没说一句话，没表示一个动作，就又匆匆忙忙地离开了。他每天如此，照常不误。

面对这种遭遇和"生活"，我百思不得其解，苦闷不乐，彻夜难眠。心想，女主人为什么抛弃了我，难道她又有了新的骑坐，或是不是她有要事已外出了，让我在这里休息一些时间，就是这样也该捎个讯儿。我疑惑，我迷茫，我不解，我苦闷，我心烦。为此，我向与我遭遇一样的同伙们打问，他们也说不出个子丑寅卯来。此时，一个名叫"宝马"的伙伴，鬼鬼祟祟，小心翼翼地走到我的左窗前，俯在我的耳朵旁，悄悄地告诉我，咱们停靠在这里，一不是主人抛弃，二不是交警阻拦，只怨"新冠病毒"突袭作乱，使整个县城关门闭户，人隔离，路阻断，店关门，齐心协力，共筑钢城，防堵病毒，还我晴空。

我听后，既豁然开朗，明白了一切，又大吃一惊，顿感气愤，满腔怒火，精神抖擞，欲与女主人一起，多拉快跑，无私奉献，为杜绝病毒，为人民身体健康，为女主人的宏伟事业，为怀仁市的经济发展，发挥出应有的作用。

作者简介:赵泽峰,男。笔名:笛鸣春晓。祖籍中国河北。毕业于中国河北师范大学。从一名教育工作者逐渐走上领导岗位。酷爱文学及音乐。多次在中国国内有影响的报刊杂志上发表文学作品。并有多篇散文作品获得奖项。

奶奶的石榴树

我的老家在农村,离县城二十华里,奶奶的余生就是在那个农家院度过的。

奶奶是位慈祥和善的人,历经新旧社会变迁,一生辛苦,勤俭持家,喜欢帮助人。奶奶爱种花养草,她在家东屋窗台下自已动手栽种了一棵石榴树,亲自浇水,施肥,培土,石榴树长得非常旺盛。一到春天,石榴树枝繁叶茂,红红的石榴花一个挨着一个,竞先开放,花香飘溢,一群群勤劳的小蜜蜂嗡嗡叫着,热热闹闹地落在石榴花上。

花开花落,红红的石榴越长越大,压弯枝头,多时一年能结果一百多个。八月十五前后,石榴熟了,奶奶细心地一个一个地把它剪下来,然后放在粮食囤里埋起来,以便保鲜。等到谁家老人有病,媳妇有孕,奶奶总要带上几个石榴前去探望。乡亲们夸奖石榴,更敬佩奶奶的为人。

天有不测风云,人有旦夕祸福。在我童年的记忆里,一场大病使奶奶倒下了,便再也没有起来,虽经医生奋力抢救,用尽一切医术,任儿孙们呼喊,她老人家还是离开了我们,走得那么匆匆,那么急促。

在奶奶去逝的那一年,不管儿孙们怎样去细心照顾管理那颗奶奶亲手种植的石榴树,但那石榴树枝叶再也旺盛不起来,第二年竟悄无声息地枯萎死了。是奶奶唤它而去,还是自愿忠心侍主,难道人树心息也是相通的,我们都不得其解个中之谜。

春天的思绪

春天是七彩的梦想，是一个充满希望的季节，更是一个生长梦想、放飞梦想的季节。

回首往事，春天在哪里？春天在大地上那一片片嫩绿的小草里；在不声不响地抽出新的枝条树叶里；在美妙动听，清新悦耳的河水里；在璀璨动人灵动跳跃的阳光里；在孩子们一张张活泼可爱的笑脸里。我在小区看到孩子们跨着春风，奔走在那自由透明的阳光下，春天便进入了他们梦想的书包里。

春天，大人们用自已灵巧的双手，制作出各式各样的风筝，在城外的广场上，高高地放飞，让梦想随风飘扬，去和春风，篮天，白云约会。我看到一群群孩子们在地面上跑着喊着，比试谁的风筝飞得更高更远，更漂亮，这也是我少年时的画面。

而今，我已退休，闲来听听音乐，唱唱歌，吹吹我新购买的萨克斯，也真的乐此不疲。然而，我更喜欢孩子们放风筝，那是发自内心的快乐。我劝自已，只要沿着春天的脚步，带着快乐的心情，忘掉一切不悦，做自己想做的事情，抛弃眼底深处的旧俗，向着想像中的彼岸前行，一定是柳暗花明又一村的地方。

冬 雪

我爱冬雪，冬雪真的很美。 一年四季，每季都有不同美景，我小时候犹爱下雪，爱那冬雪壮丽景色。

在六十年代末七十年代初，每到冬天，雪总是一场接一场，有时前一场雪还没有消融，后一场雪便纷纷扬扬而来。万里雪飘，给大地盖上一层厚厚的洁白绒被，房屋树木村野，银装素裹，人们好象来到了一个幽雅恬静的世界。是那样生机无限，兴致盎然，生动活泼，素雅高洁，令人充满无穷无尽的想象。

雪后是儿童们的乐园。我们可以用冻得通红的小手，在铺天盖地雪的旷野里，堆雪人，打雪仗，滑雪舞。如今，那一张张红扑扑的小脸；一双双几乎冻僵的小手；一声声醉人心脾欢呼声；一目目你追我赶的雪地情景，留下一溜溜雪地足迹。仔细想想，历历在目，但都已成了远去不返的人生记忆。纵使我多么留恋，多么想回那个年龄段，可惜人生没有回春术，纵有万亿家金也难买回。哈哈，我的岁月如歌，人生如梦，往事如烟……

蓦然回首，当年与雪的对话，与大自然的私语，是何等的天真烂漫，是何等的得意！可是这些年来，大自然发生了地覆天翻的变化，地球温度升高了，大车小车到处排放废气，冬天已成了暖冬，对平原来说，下雪已经成为过往，雪越来越少了。

在这冬天，我常企望早上一觉醒来，窗外是个白皑皑的境界，让大自然充满新时代的气息，以孕育春的萌生，秋的的硕果。

作者简介:王荣融,女。籍贯中国河南开封。生于1986年。大学本科学历。文学学士。爱好文学,擅长写评论。多次在中国国内的杂志刊物上发表作品。

我心中的李白

—— 读李白若干诗句有感

盛唐时期的"诗仙"李白,给大多数人的印象是一个很飘逸,很潇洒的诗人。然而,在我心中一直被称为浪漫主义诗人的李白也有忧愁。他心中的感情好像一汪泉水。

李白面对汪伦的友情,写下了"桃花潭水深千尺,不及汪伦送我情"。在这句话中,我们可以看出李白也对当时的世事有了一丝苦闷和一腔愁绪。在这里"桃花潭水"已不仅仅是指祖国山河,在李白的笔下已经被赋予了作者更深刻地感情。"桃花潭水"或许指代繁华的长安,众人仰慕的庙堂。李白一腔报国的热情,无人倾听,满怀愁绪。正当此时,汪伦与李白相遇,并了解李白的愁绪,支持他,理解他。对于满怀愁绪,报国无门的李白来说,这情意好比"高山流水"一样的绵长。

在李白的诗句"举杯邀明月,对影成三人"中,我又读到李白渴望知己,渴望他的一腔爱国之情能有所施展的情绪。"明月"这个意象往往被人们认为是思念故人的情怀。在这句诗歌中,我不仅读到了诗人的思友之情,同时也读到了李白渴望个人的旷世奇才能有用武之地的一腔愁绪。他所邀这"明月"或许是伯乐,或许是故友,或许是大唐盛世。无论如何,李白绝对不是诗句"我本楚狂人,凤歌笑孔丘"表面所描绘的那样狂傲。李白笑得并非"孔丘",李白邀得并非"明月"。我从"对影成三人"这句读到了李白因未遇施展才华之机,伯乐未能偶遇而产生孤寂之感的叹息。

　　"古来圣贤皆寂寞，惟有饮者留其名"。在这句诗歌中，李白要求饮得不仅仅是美酒，而且是庙堂谏言吐露报国之策，施展治国之才。在《静夜思》中，我又读到了李白的忧国思友之情。"窗前明月光，疑是地上霜。"该句给我的感受是明月微寒的光芒已经好久没有投射到窗前了，不然李白怎能把这微寒的光芒当作是"地上霜"呢？可见，这"明月"象征的应该是诗人所思念的故友，所渴望的伯乐，所怀恋的旧时盛世。"举头望明月，低头思故乡"。这抬头观望的明月，不仅是思念。从"举"字中，我就读到了那是一种仰慕。这首诗歌，在我看来，不仅是思念故友，而且也是渴望故乡平安兴旺的企盼之情。

　　李白一生自弃官归隐之日起，四处为家。然而，在李白的诗句中，又处处不忘家，不忘对祖国山河的眷恋。诗人表达思乡之情的同时，也表达忧国忧民之意。《将进酒》中，那个"呼而讲出换美酒，与尔同销万古愁"的李白，给人潇洒浪漫之感的同时，也透露出他的忧愁，他的无奈。李白也多么想逃避忧愁，忘怀无奈。"弃我去者，昨日之日不可留。乱我心者，今日之日多烦忧。"读来发人深省。

　　我心中的李白不愧是"诗仙"，潇洒飘逸，浪漫多情的背后又有着一腔忧国忧民的愁绪，感天动地。

作者简介:包文帜,男。生于1957年。汉族,现居中国广州黄埔。教育工作者。中学语文高级教师。2017年退休,喜欢电脑,文学,摄影,旅游等。

蓝猫的故事

这是发生在我家的真实故事。

我儿子把养了二年的蓝猫放在我这里,初来乍到,我并不怎么在意,认为它会成为家里的负担。然而,几个月的相处后,我竟觉得它是那么可爱。

它的个性聪明又活泼,就像是我们家的小精灵一样。我一坐在沙发上,它就会睁开那双明亮的黄眼睛看着你,只要一招手,它就会温顺地跑过来,用它的身体和尾巴来蹭你的脚,那细毛拂过小腿的感觉痒痒的,舒服极了;有时候它还会用它的头顶你的手,逗你玩,那一双大大的黄眼睛盯着你,仿佛有话要对你说;如果你用手去摸它的肚子,它马上就会打滚,仿佛在表演杂技给你看。

它总是常常把前腿搭在阳台边上把头伸出去,聚精会神地看楼下的风景,也不知它看到什么而久久不肯离开。早上,它总是守候在门边,你一出门它马上会寸步不离跟着你,绕着8字拌着你的脚往前走,直到把猫粮放进它的碟子里。它总是不知疲倦地在我们周围玩耍,追逐小球,扑蟑螂玩得不亦乐乎。有时也会发脾气,有一次它悄悄地躲在床下出不来,便用头撞床板,发出咚咚的声响,以示愤怒。尽管它活泼好动,但胆子很小,有时会跑到门口的楼梯间,一听到有生人靠近,它马上就会嗖的一声跑回来。它不认路,有次跑到十四楼(我住十六楼)不知如何回来,只好蜷缩在一个角落里,样子很可怜,等待我们去寻找它。它的声音也是如此可爱,当它发出"喵喵"的声音时,那声音就像婴儿的啼哭一样温柔而亲切,让人无法抗拒对它的喜爱。周四晚上我女儿9点多下班回来没关房门，因为天气热打开房门南北对流凉快些。

到了11点才发现猫不在家里，以为会跟以前一样，在14楼15楼某个角落里蜷缩着。我们全家三人出动，找遍整栋楼都没有发现他的踪影，这时，我们焦急了，马上找出以前拍的猫的两张照片在a3群发了个求助，没想到马上有邻居回应，说你的猫在管家那里，我往上翻了一下a3群的聊天记录，刚才在十点多的时候，管家就发了个猫的图片，问是谁家的猫，可惜那时候我没有看到。既然猫在管家那里，我们也就放心了，打算明天一早去把猫接回来。

第二天上班的时候，我们拿着袋子去找管家，管家是一位20出头的小姑娘，她管着好几栋楼的杂事，工作很负责任，当我们找到她时，他哭丧着脸说，他昨天晚上九点多就接到了十四楼的邻居打来电话说："发现了一只猫，赶紧派人来处理"

当保安抱着猫走出大堂时，由于受惊猫却跑掉了，到现在也不知去向。我安慰她说没事，我们去找找吧，也许就躲在某个角落里。管家也说，我们会把猫的图片发到整个小区的40多个群里，让大家都来帮忙，也会叫保安协助找。

我们东荟城的小区绿化做的很好，花草树木很浓很密，猫随便躲在某个角落里都难以找到，但我们觉得它不会跑远，我们在A三栋楼下的前后左右，拿着棍子东敲敲西敲敲一寸寸地找，除了吓出几只野猫外，却不见我家蓝猫的踪影。群里的邻居也很关心，有的说可以把猫以前用过的食盘猫砂猫粮等带有气味的东西，放到楼下的野猫经常出没的地方，猫闻到气味也许会回来。我们照做了，但除了猫粮给野猫吃掉以外，蓝猫一点痕迹也没有。有的邻居说白天人多，猫不敢出来，到了晚上，也许他肚子饿了，就会出来找吃的。于是我老婆晚上11点多还拿着手电到下面去找，猫走失了，觉也睡不安稳，早上四点多她又到楼下去找。

管家也打来电话说，他们管家也都全部出动了，但是还也没有找到。

出走都三天了，我们也找累了，终于失望了。于是我老婆就把猫砂倒掉，把食盆收起来，把猫抓板也扔到垃圾桶里去了，好在剩下了几袋猫粮没有送给别人，但我们还是十分惦记着，因为我的蓝猫只吃猫粮，其他的什么都不吃，现在他吃什么喝什么呢？该死的猫怎么总是那么让人揪心呢？

星期一上午，一老一小摄影小组在我家拍微电影，我突然接到管家电话，说猫找到了，是22栋22楼的郑先生昨晚在车库发现的，它觉得很象群里走失的蓝猫，就把它抱回家，现在就在他家里。我们喜出望外，心里特别高兴，立即带上一袋水果和装猫的大袋子去22栋22楼，敲开房门，郑先生很热情，他也是一个爱猫的人，他自己也养了一只猫，当我把猫抱走的时候他投来了恋恋不舍的目光，我赶紧把礼物放下，但他怎么也不肯收。

当我把猫抱回家的时候，拍摄小组的人包括导演和摄像都为我们高兴，它有三四天没吃东西了，马上拿出猫粮喂它，摄影师赶忙把这个镜头记录了下来，后来真的把猫吃食的镜头放到到小电里面去了。

多好的社区管家，多好的邻居啊，一方有难，八方援助，我们东荟花园小区有将近三万人，虽然是来自全国各地，但就像温暖的一家人，互相关心，互相帮助，和睦相处，特别是我们a3栋邻居，只要群里有人提出需要帮助，马上就会有人响应，不是一家人胜似一家人，我们真为自己能够生活在这样一个大家庭里，感到幸福。

注：a3群是指作者所居小区，万科东荟城A3栋的业主群。

作者简介:张民煜,汉族,现年53岁。籍贯中国天津。毕业于中国天津财经大学。金融证券经纪人。具有丰富的金融证券理论和实践工作。爱好文学,喜欢记录生活中的点点滴滴。

重温在烈火中永生

2015年的夏天,我和朋友来到了重庆市旅游。一天上午,我来到了位于重庆市郊歌乐山上的白公馆和渣滓洞革命纪念馆。

虽然我无数次在小说《红岩》、电影《在烈火中永生》看到了渣滓洞集中营的残暴,当我走进这座昔日的杀人魔窟,心灵还是受到了极大的震撼。时值盛夏酷暑,地牢里还是散发出霉烂的气味。刑讯室里的皮鞭、老虎凳、血迹斑斑的竹签、、生锈的镣铐,见证了革命者的不屈。展览室里有一面红旗,当1949年10月1日新中国成立的消息传来,难友们欣喜若狂,罗广斌、陈然等人用一床红色的被单和几个纸剪的五角星做了一面红旗。他们知道他们也许不能看见五星红旗插遍全中国,但是他们仍然希望他们的亲人,他们的孩子以及全中国的劳苦大众都沐浴在新中国的阳光下,享受着平等自由幸福。在白公馆的院子里,有一个1米高的铜像,他就是我们早已熟知的小萝卜头(宋振中烈士),他因为从小诞生在监狱,缺乏营养,身体发育不良,脑袋大大的,一双大眼睛渴望透过小小的铁窗,看看外面五彩斑斓的世界。看着小萝大头铜像周围摆满了鲜花和一架小风车,我想到了我们的孩子,特别是当今生活我国大中城市里的孩子们,无疑是世界上最幸福的儿童,物质生活极大丰富,需要什么,手机一摁,快递送货上门,上幼儿园、小学家长们每天用私家车接送,节假日家长带着他们乘飞机、高铁四处饱览祖国的大好河山。一九四九年九月,在新中国成立的前夕,小萝卜头和父母被军统特务用匕首杀害在歌乐山上，他的年龄永远定格在八岁。一个孩子何罪之有，只因为他的父母都是共产党员，不愿背叛自己的组织，誓死捍卫崇高的信仰。一九四九年十一月二十七日，在重庆解放的前一天，军统特务们在白公馆、渣滓洞集中营里，用机枪、冲锋枪和汽油进行了疯狂的屠杀，二百多位革命志士被杀害。前苏联作家、小说《钢铁是怎样炼成的》作者奥斯特洛夫斯基曾经说过："人最宝贵的东西是生命，生命对于我们只有一次。一个人的生命应当这样渡过：当他回首往事的时候，他不因虚度年华而悔恨，也不因碌碌无为而羞愧——这样，在临死的时候，他能够说：我整个的生命和全部精力，都已献给世界上最壮丽的事业——为人类的解放而斗争。"陈然、江竹筠等列士们用自己年轻的生命诠释了这段名言。

　　走出白公馆，歌乐山上郁郁葱葱，远处的长江、嘉陵江奔流不息，青山绿水，陪伴着英烈们见证了我们的伟大祖国解放后，特别是改革开放以来发生的沧桑巨变。

作者简介:卿陈。女。生于1987年。祖籍中国陕西安康,现居中国陕西西安。对文学狂热,擅长诗词和散文写作,在互联网媒体平台上发表了多篇作品。

生命不能承受的遗憾

父亲是个沉默寡言的人,但内心却极度柔软,他喜欢孩子,在那个特殊年代,我家有姊妹四人,他和母亲用质朴无华的双手让我们成长的坚定并快乐。

从小到大,父亲没对我们姊妹四人动过手,连说重话都很少。这也和他常年不在家有关。他趴火车去过广东摆摊,办过砖厂,干过泥瓦匠。父亲总是精力充沛,对生活抱有希望。

每到农忙或者节假日我们才能见到父亲。父亲每次回来,总要给大家带些小玩意。女孩子的发卡、护手霜、给我们买的衣服。印象最深刻的是一对镯子,是旅游景区常见的那种银色,上面印刻着花纹的样式。还有男孩子玩的弹弓,一些机械小零件,滚筒、轴承之类的,都很重,他不远万里背回来只为给弟弟们制作玩具小车。

我们儿时,最期待的就是父亲回来,我们好去翻他的百宝箱。父亲从来不像母亲那样管教我们唠叨个不停,他只需一个眼神,凌厉带着不容置疑的威严。多少个午夜梦回,我都会被父亲的那种眼神瞪的泪流满面,满心酸楚。

父亲是骄傲的!一家人的生活,在他与母亲的里外配合下,过得有声有色。但是命运从来不善待好人,意外总在最风平浪静的时候到来。它擅长制造悲剧和难以预料的事。

父亲出事的时候,我正是二十岁的年纪。突然得让人来不及懂事,来不及用青涩的反应，去应对塌天的事故。来到医院时，父亲已经住进监护病房，并且已经连下三道病危通知。我到医院时，父亲短暂的清醒了一会，张口叫了我。随之而来的是剧烈的头痛，令他痛苦的嘶吼，挣扎。我眼睁睁看着医生护士，用床单将他四肢身体绑在床上，我心碎极了，却无可奈何。眼睁睁看着血从父亲耳朵里流出来，那红色刺眼得可怕，直到剧痛让他失去意识。这个场景我曾十年不愿提及，不愿想起，我拒绝一切人在我面前提起父亲……

时间真快，十几年了。回忆已经不再伤害我了；不再令我痛苦疯魔了。我怕忘记，但又怕想起。这些年，我年年都能了解到有新的方法可以救父亲，年年我都能找到当年自己应对失误的方法……

如果我一去就安排父亲转院；如果我一去就建议医生手术；如果我拒绝医生打那一针镇定剂；如果当时不让医生绑住他……

那么多如果啊！都是遗憾！只能在梦中一遍又一遍地对着父亲忏悔，也对着自己忏悔……

父亲喜欢孩子，如今他也变成孩子了吧！